I0232671

FINLANDÊS
VOCABULÁRIO

PORTUGUÊS FINLANDÊS

Para alargar o seu léxico e apurar as suas competências linguísticas

5000 palavras

Vocabulário Português Brasileiro-Finlandês - 5000 palavras

Por Andrey Taranov

Os vocabulários da T&P Books destinam-se a ajudar a aprender, a memorizar, e a rever palavras estrangeiras. O dicionário é dividido em temas, cobrindo todas as principais esferas de atividades quotidianas, negócios, ciência, cultura, etc.

O processo de aprendizagem, utilizando os dicionários baseados em temáticas da T&P Books dá-lhe as seguintes vantagens:

- Informação de origem corretamente agrupada predetermina o sucesso em fases subsequentes da memorização de palavras
- Disponibilização de palavras derivadas da mesma raiz, o que permite a memorização de unidades de texto (em vez de palavras separadas)
- Pequenas unidades de palavras facilitam o processo de estabelecimento de vínculos associativos necessários para a consolidação do vocabulário
- O nível de conhecimento da língua pode ser estimado pelo número de palavras aprendidas

T&P Books Publishing
www.tpbooks.com

ISBN: 978-1-78767-394-6

Este livro também está disponível em formato E-book.
Por favor visite www.tpbooks.com ou as principais livrarias on-line.

VOCABULÁRIO FINLANDÊS
palavras mais úteis

Os vocabulários da T&P Books destinam-se a ajudar a aprender, a memorizar, e a rever palavras estrangeiras. O vocabulário contém mais de 5000 palavras de uso comum organizadas tematicamente.

O vocabulário contém as palavras mais comummente usadas

Recomendado como adicional para qualquer curso de línguas

Satisfaz as necessidades dos iniciados e dos alunos avançados de línguas estrangeiras

Conveniente para o uso diário, sessões de revisão e atividades de auto-teste

Permite avaliar o seu vocabulário

Características especias do vocabulário

*   As palavras estão organizadas de acordo com o seu significado, e não por ordem alfabética
*   As palavras são apresentadas em três colunas para facilitar os processos de revisão e auto-teste
*   As palavras compostas são divididas em pequenos blocos para facilitar o processo de aprendizagem
*   O vocabulário oferece uma transcrição simples e adequada de cada palavra estrangeira

O vocabulário contém 155 tópicos incluindo:

Conceitos básicos, Números, Cores, Meses, Estações do ano, Unidades de medida, Roupas & Acessórios, Alimentos & Nutrição, Restaurante, Membros da Família, Parentes, Caráter, Sentimentos, Emoções, Doenças, Cidade, Passeios, Compras, Dinheiro, Casa, Lar, Escritório, Trabalho no Escritório, Importação & Exportação, Marketing, Pesquisa de Emprego, Esportes, Educação, Computador, Internet, Ferramentas, Natureza, Países, Nacionalidades e muito mais ...

TABELA DE CONTEÚDOS

GUIA DE PRONUNCIAÇÃO

Alfabeto fonético T&P	Exemplo Finlandês	Exemplo Português
[·]	juomalasi [juoma·lasi]	ponto mediano
[:]	aalto [aːlto]	som de longa duração

[ɑ]	hakata [hɑkɑtɑ]	chamar
[e]	ensi [ensi]	metal
[i]	musiikki [musiːkki]	sinônimo
[o]	filosofi [filosofi]	lobo
[u]	peruna [perunɑ]	bonita
[ø]	keittiö [kejttiø]	orgulhoso
[æ]	määrä [mæːræ]	semana
[y]	Bryssel [bryssel]	questionar

Consoantes

[b]	banaani [bɑnɑːni]	barril
[d]	odottaa [odottɑː]	dentista
[dʒ]	Kambodža [kɑmbodʒɑ]	adjetivo
[f]	farkut [fɑrkut]	safári
[g]	jooga [joːgɑ]	gosto
[j]	suojatie [suojɑtæ]	Vietnã
[h]	ohra [ohrɑ]	[h] aspirada
[h]	jauhot [jɑuhot]	[h] suave
[k]	nokkia [nokkiɑ]	aquilo
[l]	leveä [leʋeæ]	libra
[m]	moottori [moːttori]	magnólia
[n]	nainen [nɑjnen]	natureza
[ŋ]	ankkuri [ɑŋkkuri]	alcançar
[p]	pelko [pelko]	presente
[r]	raketti [rɑketti]	riscar
[s]	sarastus [sɑrɑstus]	sanita
[t]	tattari [tɑttɑri]	tulipa
[ʋ]	luvata [luʋɑtɑ]	fava
[ʃ]	šakki [ʃɑkki]	mês
[tʃ]	Chile [tʃile]	Tchau!
[z]	kazakki [kɑzɑkki]	sésamo

ABREVIATURAS
usadas no vocabulário

Abreviaturas do Português

adj	-	adjetivo
adv	-	advérbio
anim.	-	animado
conj.	-	conjunção
desp.	-	esporte
etc.	-	Etcetera
ex.	-	por exemplo
f	-	nome feminino
f pl	-	feminino plural
fem.	-	feminino
inanim.	-	inanimado
m	-	nome masculino
m pl	-	masculino plural
m, f	-	masculino, feminino
masc.	-	masculino
mat.	-	matemática
mil.	-	militar
pl	-	plural
prep.	-	preposição
pron.	-	pronome
sb.	-	sobre
sing.	-	singular
v aux	-	verbo auxiliar
vi	-	verbo intransitivo
vi, vt	-	verbo intransitivo, transitivo
vr	-	verbo reflexivo
vt	-	verbo transitivo

CONCEITOS BÁSICOS

Conceitos básicos. Parte 1

1. Pronomes

eu	minä	[minæ]
você	sinä	[sinæ]
ele	hän	[hæn]
ela	hän	[hæn]
ele, ela (neutro)	se	[se]
nós	me	[me]
vocês	te	[te]
eles, elas	he	[he]

2. Cumprimentos. Saudações. Despedidas

Oi!	Hei!	[hej]
Olá!	Hei!	[hej]
Bom dia!	Hyvää huomenta!	[hyʋæ: huomenta]
Boa tarde!	Hyvää päivää!	[hyʋæ: pæjʋæ:]
Boa noite!	Hyvää iltaa!	[hyʋæ: ilta:]
cumprimentar (vt)	tervehtiä	[terʋehtiæ]
Oi!	Moi!	[moj]
saudação (f)	tervehdys	[terʋehdys]
saudar (vt)	tervehtiä	[terʋehtiæ]
Tudo bem?	Mitä kuuluu?	[mitæ ku:lu:]
E aí, novidades?	Mitä on uutta?	[mitæ on u:tta]
Tchau! Até logo!	Näkemiin!	[nækemi:n]
Até breve!	Pikaisiin näkemiin!	[pikajsi:n nækemi:n]
Adeus!	Hyvästi!	[hyʋæsti]
despedir-se (dizer adeus)	hyvästellä	[hyʋæstellæ]
Até mais!	Hei hei!	[hej hej]
Obrigado! -a!	Kiitos!	[ki:tos]
Muito obrigado! -a!	Paljon kiitoksia!	[paljon ki:toksia]
De nada	Ole hyvä	[ole hyʋæ]
Não tem de quê	Ei kestä kiittää	[ej kestæ ki:ttæ:]
Não foi nada!	Ei kestä	[ej kestæ]
Desculpa! -pe!	Anteeksi!	[ante:ksi]
desculpar (vt)	antaa anteeksi	[anta ante:ksi]
desculpar-se (vr)	pyytää anteeksi	[py:tæ ante:ksi]

Me desculpe	Pyydän anteeksi	[py:dæn ante:ksi]
Desculpe!	Anteeksi!	[ante:ksi]
perdoar (vt)	antaa anteeksi	[anta: ante:ksi]
por favor	ole hyvä	[ole hyʋæ]

Não se esqueça!	Älkää unohtako!	[ælkæ: unohtako]
Com certeza!	Tietysti!	[tietysti]
Claro que não!	Eipä tietenkään!	[ejpæ tieteŋkæ:n]
Está bem! De acordo!	Olen samaa mieltä!	[olen sama: mieltæ]
Chega!	Riittää!	[ri:ttæ:]

3. Como se dirigir a alguém

senhor	Herra	[herra]
senhora	Rouva	[rouʋa]
senhorita	Neiti	[nejti]
jovem	Nuori mies	[nuorimies]
menino	Poika	[pojka]
menina	Tyttö	[tyttø]

4. Números cardinais. Parte 1

zero	nolla	[nolla]
um	yksi	[yksi]
dois	kaksi	[kaksi]
três	kolme	[kolme]
quatro	neljä	[neljæ]

cinco	viisi	[ʋi:si]
seis	kuusi	[ku:si]
sete	seitsemän	[sejtsemæn]
oito	kahdeksan	[kahdeksan]
nove	yhdeksän	[yhdeksæn]

dez	kymmenen	[kymmenen]
onze	yksitoista	[yksi·tojsta]
doze	kaksitoista	[kaksi·tojsta]
treze	kolmetoista	[kolme·tojsta]
catorze	neljätoista	[neljæ·tojsta]

quinze	viisitoista	[ʋi:si·tojsta]
dezesseis	kuusitoista	[ku:si·tojsta]
dezessete	seitsemäntoista	[sejtsemæn·tojsta]
dezoito	kahdeksantoista	[kahdeksan·tojsta]
dezenove	yhdeksäntoista	[yhdeksæn·tojsta]

vinte	kaksikymmentä	[kaksi·kymmentæ]
vinte e um	kaksikymmentäyksi	[kaksi·kymmentæ·yksi]
vinte e dois	kaksikymmentäkaksi	[kaksi·kymmentæ·kaksi]
vinte e três	kaksikymmentäkolme	[kaksi·kymmentæ·kolme]
trinta	kolmekymmentä	[kolme·kymmentæ]
trinta e um	kolmekymmentäyksi	[kolme·kymmentæ·yksi]

trinta e dois	kolmekymmentäkaksi	[kolme·kymmentæ·kaksi]
trinta e três	kolmekymmentäkolme	[kolme·kymmentæ·kolme]
quarenta	neljäkymmentä	[neljæ·kymmentæ]
quarenta e um	neljäkymmentäyksi	[neljæ·kymmentæ·yksi]
quarenta e dois	neljäkymmentäkaksi	[neljæ·kymmentæ·kaksi]
quarenta e três	neljäkymmentäkolme	[neljæ·kymmentæ·kolme]
cinquenta	viisikymmentä	[ʋiːsi·kymmentæ]
cinquenta e um	viisikymmentäyksi	[ʋiːsi·kymmentæ·yksi]
cinquenta e dois	viisikymmentäkaksi	[ʋiːsi·kymmentæ·kaksi]
cinquenta e três	viisikymmentäkolme	[ʋiːsi·kymmentæ·kolme]
sessenta	kuusikymmentä	[kuːsi·kymmentæ]
sessenta e um	kuusikymmentäyksi	[kuːsi·kymmentæ·yksi]
sessenta e dois	kuusikymmentäkaksi	[kuːsi·kymmentæ·kaksi]
sessenta e três	kuusikymmentäkolme	[kuːsi·kymmentæ·kolme]
setenta	seitsemänkymmentä	[sejtsemæn·kymmentæ]
setenta e um	seitsemänkymmentäyksi	[sejtsemæn·kymmentæ·yksi]
setenta e dois	seitsemänkymmentäkaksi	[sejtsemæn·kymmentæ-kaksi]
setenta e três	seitsemänkymmentäkolme	[sejtsemæn·kymmentæ kolme]
oitenta	kahdeksankymmentä	[kahdeksan·kymmentæ]
oitenta e um	kahdeksankymmentäyksi	[kahdeksan·kymmentæ·yksi]
oitenta e dois	kahdeksankymmentäkaksi	[kahdeksan·kymmentæ kaksi]
oitenta e três	kahdeksankymmentäkolme	[kahdeksan·kymmentæ kolme]
noventa	yhdeksänkymmentä	[yhdeksæn·kymmentæ]
noventa e um	yhdeksänkymmentäyksi	[yhdeksæn·kymmentæ·yksi]
noventa e dois	yhdeksänkymmentäkaksi	[yhdeksæn·kymmentæ·kaksi]
noventa e três	yhdeksänkymmentäkolme	[yhdeksæn·kymmentæ kolme]

5. Números cardinais. Parte 2

cem	sata	[sata]
duzentos	kaksisataa	[kaksi·sataː]
trezentos	kolmesataa	[kolme·sataː]
quatrocentos	neljäsataa	[neljæ·sataː]
quinhentos	viisisataa	[ʋiːsi·sataː]
seiscentos	kuusisataa	[kuːsi·sataː]
setecentos	seitsemänsataa	[sejtsemæn·sataː]
oitocentos	kahdeksansataa	[kahdeksan·sataː]
novecentos	yhdeksänsataa	[yhdeksæn·sataː]
mil	tuhat	[tuɦat]
dois mil	kaksituhatta	[kaksi·tuɦatta]
três mil	kolmetuhatta	[kolme·tuɦatta]

dez mil	**kymmenentuhatta**	[kymmenen·tuħatta]
cem mil	**satatuhatta**	[sata·tuħatta]
um milhão	**miljoona**	[miljo:na]
um bilhão	**miljardi**	[miljardi]

6. Números ordinais

primeiro (adj)	**ensimmäinen**	[ensimmæjnen]
segundo (adj)	**toinen**	[tojnen]
terceiro (adj)	**kolmas**	[kolmas]
quarto (adj)	**neljäs**	[neljæs]
quinto (adj)	**viides**	[ʋi:des]
sexto (adj)	**kuudes**	[ku:des]
sétimo (adj)	**seitsemäs**	[sejtsemæs]
oitavo (adj)	**kahdeksas**	[kahdeksas]
nono (adj)	**yhdeksäs**	[yhdeksæs]
décimo (adj)	**kymmenes**	[kymmenes]

7. Números. Frações

fração (f)	**murtoluku**	[murto·luku]
um meio	**puolet**	[puolet]
um terço	**kolmasosa**	[kolmasosa]
um quarto	**neljäsosa**	[neljæsosa]
um oitavo	**kahdeksasosa**	[kahdeksasosa]
um décimo	**kymmenesosa**	[kymmenesosa]
dois terços	**kaksi kolmasosaa**	[kaksi kolmasosa:]
três quartos	**kolme neljäsosaa**	[kolme neljæsosa:]

8. Números. Operações básicas

subtração (f)	**vähennyslasku**	[ʋæħennys·lasku]
subtrair (vi, vt)	**vähentää**	[ʋæħentæ:]
divisão (f)	**jako**	[jako]
dividir (vt)	**jakaa**	[jaka:]
adição (f)	**yhteenlasku**	[yhte:n·lasku]
somar (vt)	**laskea yhteen**	[laskea yhte:n]
adicionar (vt)	**lisätä**	[lisætæ]
multiplicação (f)	**kertolasku**	[kerto·lasku]
multiplicar (vt)	**kertoa**	[kertoa]

9. Números. Diversos

algarismo, dígito (m)	**numero**	[numero]
número (m)	**luku**	[luku]

numeral (m)	lukusana	[luku·sɑnɑ]
menos (m)	miinus	[mi:nus]
mais (m)	plusmerkki	[plus·merkki]
fórmula (f)	kaava	[kɑ:ʋɑ]
cálculo (m)	laskenta	[lɑskentɑ]
contar (vt)	laskea	[lɑskeɑ]
calcular (vt)	laskea	[lɑskeɑ]
comparar (vt)	verrata	[ʋerrɑtɑ]
Quanto?	Kuinka paljon?	[kujŋkɑ pɑljon]
Quantos? -as?	Kuinka monta?	[kuiŋkɑ montɑ]
soma (f)	summa	[summɑ]
resultado (m)	tulos	[tulos]
resto (m)	jäännös	[jæ:nnøs]
alguns, algumas ...	muutama	[mu:tɑmɑ]
pouco (~ tempo)	vähän	[ʋæɦæn]
poucos, poucas	vähän	[ʋæɦæn]
um pouco de ...	vähän	[ʋæɦæn]
resto (m)	loput	[loput]
um e meio	puolitoista	[puoli·tojstɑ]
dúzia (f)	tusina	[tusinɑ]
ao meio	kahtia	[kɑhtiɑ]
em partes iguais	tasan	[tɑsɑn]
metade (f)	puoli	[puoli]
vez (f)	kerta	[kertɑ]

10. Os verbos mais importantes. Parte 1

abrir (vt)	avata	[ɑʋɑtɑ]
acabar, terminar (vt)	lopettaa	[lopettɑ:]
aconselhar (vt)	neuvoa	[neuʋoɑ]
adivinhar (vt)	arvata	[ɑrʋɑtɑ]
advertir (vt)	varoittaa	[ʋɑrojttɑ:]
ajudar (vt)	auttaa	[ɑuttɑ:]
almoçar (vi)	syödä lounasta	[syødæ lounɑstɑ]
alugar (~ um apartamento)	vuokrata	[ʋuokrɑtɑ]
amar (pessoa)	rakastaa	[rɑkɑstɑ:]
ameaçar (vt)	uhata	[uɦɑtɑ]
anotar (escrever)	kirjoittaa muistiin	[kirjoittɑ: mujsti:n]
apressar-se (vr)	pitää kiirettä	[pitæ: ki:rettæ]
arrepender-se (vr)	katua	[kɑtuɑ]
assinar (vt)	allekirjoittaa	[ɑllekirjoittɑ:]
brincar (vi)	vitsailla	[ʋitsɑjllɑ]
brincar, jogar (vi, vt)	leikkiä	[lejkkiæ]
buscar (vt)	etsiä	[etsiæ]
caçar (vi)	metsästää	[metsæstæ:]
cair (vi)	kaatua	[kɑ:tuɑ]

cavar (vt)	kaivaa	[kɑjʋɑ:]
chamar (~ por socorro)	kutsua	[kutsuɑ]

chegar (vi)	saapua	[sɑ:puɑ]
chorar (vi)	itkeä	[itkeæ]
começar (vt)	alkaa	[ɑlkɑ:]
comparar (vt)	verrata	[ʋerrɑtɑ]
concordar (dizer "sim")	suostua	[suostuɑ]

confiar (vt)	luottaa	[luottɑ:]
confundir (equivocar-se)	sekoittaa	[sekojttɑ:]
conhecer (vt)	tuntea	[tunteɑ]
contar (fazer contas)	laskea	[lɑskeɑ]
contar com ...	luottaa	[luottɑ:]
continuar (vt)	jatkaa	[jɑtkɑ:]

controlar (vt)	tarkastaa	[tɑrkɑstɑ:]
convidar (vt)	kutsua	[kutsuɑ]
correr (vi)	juosta	[juostɑ]
criar (vt)	luoda	[luodɑ]
custar (vt)	maksaa	[mɑksɑ:]

11. Os verbos mais importantes. Parte 2

dar (vt)	antaa	[ɑntɑ:]
dar uma dica	vihjata	[ʋihjɑtɑ]
decorar (enfeitar)	koristaa	[koristɑ:]
defender (vt)	puolustaa	[puolustɑ:]
deixar cair (vt)	pudottaa	[pudottɑ:]

descer (para baixo)	laskeutua	[lɑskeutuɑ]
desculpar (vt)	antaa anteeksi	[ɑntɑ: ɑnte:ksi]
desculpar-se (vr)	pyytää anteeksi	[py:tæ: ɑnte:ksi]
dirigir (~ uma empresa)	johtaa	[johtɑ:]
discutir (notícias, etc.)	käsitellä	[kæsitellæ]

disparar, atirar (vi)	ampua	[ɑmpuɑ]
dizer (vt)	sanoa	[sɑnoɑ]
duvidar (vt)	epäillä	[epæjllæ]
encontrar (achar)	löytää	[løytæ:]
enganar (vt)	pettää	[pettæ:]

entender (vt)	ymmärtää	[ymmærtæ:]
entrar (na sala, etc.)	tulla sisään	[tulla sisæ:n]
enviar (uma carta)	lähettää	[læɦettæ:]
errar (enganar-se)	erehtyä	[erehtyæ]
escolher (vt)	valita	[ʋɑlitɑ]

esconder (vt)	piilotella	[pi:lotellɑ]
escrever (vt)	kirjoittaa	[kirjoittɑ:]
esperar (aguardar)	odottaa	[odottɑ:]
esperar (ter esperança)	toivoa	[tojʋoɑ]
esquecer (vt)	unohtaa	[unohtɑ:]
estudar (vt)	oppia	[oppiɑ]

exigir (vt)	vaatia	[ʋɑ:tiɑ]
existir (vi)	olla olemassa	[olla olemassa]
explicar (vt)	selittää	[selittæ:]

falar (vi)	keskustella	[keskustella]
faltar (a la escuela, etc.)	olla poissa	[olla pojssa]
fazer (vt)	tehdä	[tehdæ]
ficar em silêncio	olla vaiti	[olla ʋɑjti]
gabar-se (vr)	kerskua	[kerskuɑ]

gostar (apreciar)	pitää	[pitæ:]
gritar (vi)	huutaa	[hu:tɑ:]
guardar (fotos, etc.)	pitää, säilyttää	[pitæ:], [sæjlyttæ:]
informar (vt)	tiedottaa	[tiedotta:]
insistir (vi)	vaatia	[ʋɑ:tiɑ]

insultar (vt)	loukata	[loukɑtɑ]
interessar-se (vr)	kiinnostua	[ki:nnostuɑ]
ir (a pé)	mennä	[mennæ]
ir nadar	uida	[ujdɑ]
jantar (vi)	illastaa	[illɑstɑ:]

12. Os verbos mais importantes. Parte 3

ler (vt)	lukea	[lukeɑ]
libertar, liberar (vt)	vapauttaa	[ʋɑpɑuttɑ:]
matar (vt)	murhata	[murhɑtɑ]
mencionar (vt)	mainita	[mɑjnitɑ]
mostrar (vt)	näyttää	[næyttæ:]

mudar (modificar)	muuttaa	[mu:ttɑ:]
nadar (vi)	uida	[ujdɑ]
negar-se a ... (vr)	kieltäytyä	[kæltæytyæ]
objetar (vt)	vastustaa	[ʋɑstustɑ:]

observar (vt)	tarkkailla	[tɑrkkɑjllɑ]
ordenar (mil.)	käskeä	[kæskeæ]
ouvir (vt)	kuulla	[ku:llɑ]
pagar (vt)	maksaa	[mɑksɑ:]
parar (vi)	pysähtyä	[pysæhtyæ]

parar, cessar (vt)	lakata	[lɑkɑtɑ]
participar (vi)	osallistua	[osɑllistuɑ]
pedir (comida, etc.)	tilata	[tilɑtɑ]
pedir (um favor, etc.)	pyytää	[py:tæ:]
pegar (tomar)	ottaa	[ottɑ:]

pegar (uma bola)	ottaa kiinni	[ottɑ: ki:nni]
pensar (vi, vt)	ajatella	[ɑjɑtellɑ]
perceber (ver)	huomata	[huomɑtɑ]
perdoar (vt)	antaa anteeksi	[ɑntɑ: ɑnte:ksi]
perguntar (vt)	kysyä	[kysyæ]
permitir (vt)	antaa lupa	[ɑntɑ: lupɑ]
pertencer a ... (vi)	kuulua	[ku:luɑ]

planejar (vt)	suunnitella	[su:nnitella]
poder (~ fazer algo)	voida	[vojda]
possuir (uma casa, etc.)	omistaa	[omista:]

preferir (vt)	pitää enemmän	[pitæ: enemmæn]
preparar (vt)	laittaa	[lajtta:]
prever (vt)	odottaa	[odotta:]
prometer (vt)	luvata	[luvata]
pronunciar (vt)	lausua	[lausua]

propor (vt)	ehdottaa	[ehdotta:]
punir (castigar)	rangaista	[raŋajsta]
quebrar (vt)	rikkoa	[rikkoa]
queixar-se de ...	valittaa	[valitta:]
querer (desejar)	haluta	[haluta]

13. Os verbos mais importantes. Parte 4

ralhar, repreender (vt)	haukkua	[haukkua]
recomendar (vt)	suositella	[suositella]
repetir (dizer outra vez)	toistaa	[tojsta:]
reservar (~ um quarto)	varata	[varata]
responder (vt)	vastata	[vastata]

rezar, orar (vi)	rukoilla	[rukojlla]
rir (vi)	nauraa	[naura:]
roubar (vt)	varastaa	[varasta:]
saber (vt)	tietää	[tietæ:]
sair (~ de casa)	mennä, tulla ulos	[mennæ], [tulla ulos]

salvar (resgatar)	pelastaa	[pelasta:]
seguir (~ alguém)	seurata	[seurata]
sentar-se (vr)	istua, istuutua	[istua], [istu:tua]
ser necessário	tarvita	[tarvita]

ser, estar	olla	[olla]
significar (vt)	tarkoittaa, merkitä	[tarkojtta:], [merkitæ]
sorrir (vi)	hymyillä	[hymyjllæ]
subestimar (vt)	aliarvioida	[aliarviojda]
surpreender-se (vr)	ihmetellä	[ihmetellæ]

tentar (~ fazer)	koettaa	[koetta:]
ter (vt)	omistaa	[omista:]
ter fome	minulla on nälkä	[minulla on nælkæ]

ter medo	pelätä	[pelætæ]
ter sede	minulla on jano	[minulla on jano]
tocar (com as mãos)	koskettaa	[kosketta:]
tomar café da manhã	syödä aamiaista	[syødæ a:miajsta]
trabalhar (vi)	työskennellä	[tyøskennellæ]
traduzir (vt)	kääntää	[kæ:ntæ:]

| unir (vt) | yhdistää | [yhdistæ:] |
| vender (vt) | myydä | [my:dæ] |

ver (vt)	nähdä	[næhdæ]
virar (~ para a direita)	kääntää	[kæ:ntæ:]
voar (vi)	lentää	[lentæ:]

14. Cores

cor (f)	väri	[ʋæri]
tom (m)	sävy, värisävy	[sæʋy], [ʋæri·sæʋy]
tonalidade (m)	värisävy	[ʋæri·sæʋy]
arco-íris (m)	sateenkaari	[sate:n·ka:ri]

branco (adj)	valkoinen	[ʋalkojnen]
preto (adj)	musta	[musta]
cinza (adj)	harmaa	[harma:]

verde (adj)	vihreä	[ʋihreæ]
amarelo (adj)	keltainen	[keltajnen]
vermelho (adj)	punainen	[punajnen]

azul (adj)	sininen	[sininen]
azul claro (adj)	vaaleansininen	[ʋa:lean·sininen]
rosa (adj)	vaaleanpunainen	[ʋa:lean·punajnen]
laranja (adj)	oranssi	[oranssi]
violeta (adj)	violetti	[ʋioletti]
marrom (adj)	ruskea	[ruskea]

dourado (adj)	kultainen	[kultajnen]
prateado (adj)	hopeinen	[hopejnen]

bege (adj)	beige	[bejge]
creme (adj)	kermanvärinen	[kerman·ʋærinen]
turquesa (adj)	turkoosi	[turko:si]
vermelho cereja (adj)	kirsikanpunainen	[kirsikan·punajnen]
lilás (adj)	sinipunainen	[sini·punajnen]
carmim (adj)	karmiininpunainen	[karmi:nen·punajnen]

claro (adj)	vaalea	[ʋa:lea]
escuro (adj)	tumma	[tumma]
vivo (adj)	kirkas	[kirkas]

de cor	väri-	[ʋæri]
a cores	väri-	[ʋæri]
preto e branco (adj)	mustavalkoinen	[musta·ʋalkojnen]
unicolor (de uma só cor)	yksivärinen	[yksi·ʋærinen]
multicolor (adj)	erivärinen	[eriʋærinen]

15. Questões

Quem?	**Kuka?**	[kuka]
O que?	**Mikä?**	[mikæ]
Onde?	**Missä?**	[missæ]
Para onde?	**Mihin?**	[miɦin]

De onde?	Mistä?	[mistæ]
Quando?	Milloin?	[millojn]
Para quê?	Mitä varten?	[mitæ ʋarten]
Por quê?	Miksi?	[miksi]

Para quê?	Minkä vuoksi?	[miŋkæ ʋuoksi]
Como?	Miten?	[miten]
Qual (~ é o problema?)	Millainen?	[millajnen]
Qual (~ deles?)	Mikä?	[mikæ]

A quem?	Kenelle?	[kenelle]
De quem?	Kenestä?	[kenestæ]
Do quê?	Mistä?	[mistæ]
Com quem?	Kenen kanssa?	[kenen kanssa]

Quantos? -as?	Kuinka monta?	[kuiŋka monta]
Quanto?	Kuinka paljon?	[kujŋka paljon]
De quem? (masc.)	Kenen?	[kenen]

16. Preposições

com (prep.)	kanssa	[kanssa]
sem (prep.)	ilman	[ilman]
a, para (exprime lugar)	... ssa, ... ssä	[ssa], [ssæ]
sobre (ex. falar ~)	... sta, ... stä	[sta], [stæ]
antes de ...	ennen	[ennen]
em frente de ...	edessä	[edessæ]

debaixo de ...	alla	[alla]
sobre (em cima de)	yllä	[yllæ]
em ..., sobre ...	päällä	[pæ:llæ]
de, do (sou ~ Rio de Janeiro)	... sta, ... stä	[sta], [stæ]
de (feito ~ pedra)	... sta, ... stä	[sta], [stæ]

em (~ 3 dias)	päästä	[pæ:stæ]
por cima de ...	yli	[yli]

17. Palavras funcionais. Advérbios. Parte 1

Onde?	Missä?	[missæ]
aqui	täällä	[tæ:llæ]
lá, ali	siellä	[siellæ]

em algum lugar	jossain	[jossajn]
em lugar nenhum	ei missään	[ej missæ:n]

perto de ...	luona	[luona]
perto da janela	ikkunan vieressä	[ikkunan ʋæressæ]

Para onde?	Mihin?	[miĥin]
aqui	tänne	[tænne]
para lá	tuonne	[tuonne]

daqui	täältä	[tæ:ltæ]
de lá, dali	sieltä	[sieltæ]
perto	lähellä	[læɳellæ]
longe	kaukana	[kaukana]
perto de ...	luona	[luona]
à mão, perto	vieressä	[ʋieressæ]
não fica longe	lähelle	[læɳelle]
esquerdo (adj)	vasen	[ʋasen]
à esquerda	vasemmalla	[ʋasemmalla]
para a esquerda	vasemmalle	[ʋasemmalle]
direito (adj)	oikea	[ojkea]
à direita	oikealla	[ojkealla]
para a direita	oikealle	[ojkealle]
em frente	edessä	[edessæ]
da frente	etumainen	[etumajnen]
adiante (para a frente)	eteenpäin	[ete:npæjn]
atrás de ...	takana	[takana]
de trás	takaa	[taka:]
para trás	takaisin	[takajsin]
meio (m), metade (f)	keskikohta	[keski·kohta]
no meio	keskellä	[keskellæ]
do lado	sivulta	[siʋulta]
em todo lugar	kaikkialla	[kajkkialla]
por todos os lados	ympärillä	[ympærillæ]
de dentro	sisäpuolelta	[sisæ·puolelta]
para algum lugar	jonnekin	[jonnekin]
diretamente	suoraan	[suora:n]
de volta	takaisin	[takajsin]
de algum lugar	jostakin	[jostakin]
de algum lugar	jostakin	[jostakin]
em primeiro lugar	ensiksi	[ensiksi]
em segundo lugar	toiseksi	[tojseksi]
em terceiro lugar	kolmanneksi	[kolmanneksi]
de repente	äkkiä	[ækkiæ]
no início	alussa	[alussa]
pela primeira vez	ensi kerran	[ensi kerran]
muito antes de ...	kauan ennen kuin	[kauan ennen kuin]
de novo	uudestaan	[u:desta:n]
para sempre	pysyvästi	[pysyʋæsti]
nunca	ei koskaan	[ej koska:n]
de novo	taas	[ta:s]
agora	nyt	[nyt]
frequentemente	usein	[usejn]

então	silloin	[sillojn]
urgentemente	kiireellisesti	[ki:re:llisesti]
normalmente	tavallisesti	[tavallisesti]
a propósito, ...	muuten	[mu:ten]
é possível	ehkä	[ehkæ]
provavelmente	todennäköisesti	[toden·nækøjsesti]
talvez	ehkä	[ehkæ]
além disso, ...	sitä paitsi, ...	[sitæ pajtsi]
por isso ...	siksi	[siksi]
apesar de ...	huolimatta	[huolimatta]
graças a ...	avulla	[avulla]
que (pron.)	mikä	[mikæ]
que (conj.)	että	[ettæ]
algo	jokin	[jokin]
alguma coisa	jotakin	[jotakin]
nada	ei mitään	[ej mitæ:n]
quem	kuka	[kuka]
alguém (~ que ...)	joku	[joku]
alguém (com ~)	joku	[joku]
ninguém	ei kukaan	[ej kuka:n]
para lugar nenhum	ei mihinkään	[ej mihiŋkæ:n]
de ninguém	ei kenenkään	[ej kenenŋkæ:n]
de alguém	jonkun	[joŋkun]
tão	niin	[ni:n]
também (gostaria ~ de ...)	myös	[myøs]
também (~ eu)	myös	[myøs]

18. Palavras funcionais. Advérbios. Parte 2

Por quê?	Miksi?	[miksi]
por alguma razão	jostain syystä	[jostajn sy:stæ]
porque ...	koska	[koska]
por qualquer razão	jonkin vuoksi	[joŋkin vuoksi]
e (tu ~ eu)	ja	[ja]
ou (ser ~ não ser)	tai	[taj]
mas (porém)	mutta	[mutta]
para (~ a minha mãe)	varten	[varten]
muito, demais	liian	[li:an]
só, somente	vain	[vajn]
exatamente	tarkasti	[tarkasti]
cerca de (~ 10 kg)	noin	[nojn]
aproximadamente	likimäärin	[likimæ:rin]
aproximado (adj)	likimääräinen	[likimæ:ræjnen]
quase	melkein	[melkejn]
resto (m)	loput	[loput]
cada (adj)	joka	[joka]

qualquer (adj)	jokainen	[jokajnen]
muito, muitos, muitas	paljon	[paljon]
muitas pessoas	monet	[monet]
todos	kaikki	[kajkki]
em troca de …	sen vastineeksi	[sen ʋastine:ksi]
em troca	sijaan	[sija:n]
à mão	käsin	[kæsin]
pouco provável	tuskin	[tuskin]
provavelmente	varmaan	[ʋarma:n]
de propósito	tahallaan	[taɦalla:n]
por acidente	sattumalta	[sattumalta]
muito	erittäin	[erittæjn]
por exemplo	esimerkiksi	[esimerkiksi]
entre	välillä	[ʋælillæ]
entre (no meio de)	keskuudessa	[kesku:dessa]
tanto	niin monta, niin paljon	[ni:n monta], [ni:n paljon]
especialmente	erikoisesti	[erikojsesti]

Conceitos básicos. Parte 2

19. Dias da semana

segunda-feira (f)	maanantai	[maːnantaj]
terça-feira (f)	tiistai	[tiːstaj]
quarta-feira (f)	keskiviikko	[keskiʋiːkko]
quinta-feira (f)	torstai	[torstaj]
sexta-feira (f)	perjantai	[perjantaj]
sábado (m)	lauantai	[lauantaj]
domingo (m)	sunnuntai	[sunnuntaj]
hoje	tänään	[tænæːn]
amanhã	huomenna	[huomenna]
depois de amanhã	ylihuomenna	[ylihuomenna]
ontem	eilen	[ejlen]
anteontem	toissa päivänä	[tojssa pæjʋænæ]
dia (m)	päivä	[pæjʋæ]
dia (m) de trabalho	työpäivä	[tyø·pæjʋæ]
feriado (m)	juhlapäivä	[juhla·pæjʋæ]
dia (m) de folga	vapaapäivä	[ʋapaːpæjʋæ]
fim (m) de semana	viikonloppu	[ʋiːkon·loppu]
o dia todo	koko päivän	[koko pæjʋæn]
no dia seguinte	ensi päivänä	[ensi pæjʋænæ]
há dois dias	kaksi päivää sitten	[kaksi pæjʋæː sitten]
na véspera	aattona	[aːttona]
diário (adj)	päivittäinen	[pæjʋittæjnen]
todos os dias	joka päivä	[joka pæjʋæ]
semana (f)	viikko	[ʋiːkko]
na semana passada	viime viikolla	[ʋiːme ʋiːkolla]
semana que vem	ensi viikolla	[ensi ʋiːkolla]
semanal (adj)	viikoittainen	[ʋiːkojttajnen]
toda semana	joka viikko	[joka ʋiːkko]
duas vezes por semana	kaksi kertaa viikossa	[kaksi kertaː ʋiːkossa]
toda terça-feira	joka tiistai	[joka tiːstaj]

20. Horas. Dia e noite

manhã (f)	aamu	[aːmu]
de manhã	aamulla	[aːmulla]
meio-dia (m)	puolipäivä	[puoli·pæjʋæ]
à tarde	iltapäivällä	[ilta·pæjʋællæ]
tardinha (f)	ilta	[ilta]
à tardinha	illalla	[illalla]

noite (f)	yö	[yø]
à noite	yöllä	[yøllæ]
meia-noite (f)	puoliyö	[puoli·yø]

segundo (m)	sekunti	[sekunti]
minuto (m)	minuutti	[minu:tti]
hora (f)	tunti	[tunti]
meia hora (f)	puoli tuntia	[puoli tuntia]
quarto (m) de hora	vartti	[ʋartti]
quinze minutos	viisitoista minuuttia	[ʋi:si·tojsta minu:ttia]
vinte e quatro horas	vuorokausi	[ʋuoro·kausi]

nascer (m) do sol	auringonnousu	[auriŋon·nousu]
amanhecer (m)	sarastus	[sarastus]
madrugada (f)	varhainen aamu	[ʋarhajnen a:mu]
pôr-do-sol (m)	auringonlasku	[auriŋon·lasku]

de madrugada	aamulla aikaisin	[a:mulla ajkajsin]
esta manhã	tänä aamuna	[tænæ a:muna]
amanhã de manhã	ensi aamuna	[ensi a:muna]

esta tarde	tänä päivänä	[tænæ pæjʋænæ]
à tarde	iltapäivällä	[ilta·pæjʋællæ]
amanhã à tarde	huomisiltapäivällä	[huomis·ilta·pæjʋællæ]

esta noite, hoje à noite	tänä iltana	[tænæ iltana]
amanhã à noite	ensi iltana	[ensi iltana]

às três horas em ponto	tasan kolmelta	[tasan kolmelta]
por volta das quatro	noin neljältä	[nojn neljæltæ]
às doze	kahdentoista mennessä	[kahdentojsta menessæ]

em vinte minutos	kahdenkymmenen minuutin kuluttua	[kahdeŋkymmenen minu:tin kuluttua]
em uma hora	tunnin kuluttua	[tunnin kuluttua]
a tempo	ajoissa	[ajoissa]

... um quarto para	varttia vaille	[ʋarttia ʋajlle]
dentro de uma hora	tunnin kuluessa	[tunnin kuluessa]
a cada quinze minutos	viidentoista minuutin välein	[ʋi:den·tojsta minu:tin ʋælejn]
as vinte e quatro horas	ympäri vuorokauden	[ympæri ʋuoro kauden]

21. Meses. Estações

janeiro (m)	tammikuu	[tammiku:]
fevereiro (m)	helmikuu	[helmiku:]
março (m)	maaliskuu	[ma:lisku:]
abril (m)	huhtikuu	[huhtiku:]
maio (m)	toukokuu	[toukoku:]
junho (m)	kesäkuu	[kesæku:]

julho (m)	heinäkuu	[hejnæku:]
agosto (m)	elokuu	[eloku:]

setembro (m)	syyskuu	[sy:sku:]
outubro (m)	lokakuu	[lokaku:]
novembro (m)	marraskuu	[marrasku:]
dezembro (m)	joulukuu	[jouluku:]

primavera (f)	kevät	[keʋæt]
na primavera	keväällä	[keʋæ:llæ]
primaveril (adj)	keväinen	[keʋæjnen]

verão (m)	kesä	[kesæ]
no verão	kesällä	[kesællæ]
de verão	kesäinen	[kesæjnen]

outono (m)	syksy	[syksy]
no outono	syksyllä	[syksyllæ]
outonal (adj)	syksyinen	[syksyjnen]

inverno (m)	talvi	[talʋi]
no inverno	talvella	[talʋella]
de inverno	talvinen	[talʋinen]

mês (m)	kuukausi	[ku:kausi]
este mês	tässä kuussa	[tæssæ ku:ssa]
mês que vem	ensi kuussa	[ensi ku:ssa]
no mês passado	viime kuussa	[ʋi:me ku:ssa]

um mês atrás	kuukausi sitten	[ku:kausi sitten]
em um mês	kuukauden kuluttua	[ku:kauden kuluttua]
em dois meses	kahden kuukauden kuluttua	[kahden ku:kauden kuluttua]
todo o mês	koko kuukauden	[koko ku:kauden]
um mês inteiro	koko kuukauden	[koko ku:kauden]

mensal (adj)	kuukautinen	[ku:kautinen]
mensalmente	kuukausittain	[ku:kausittajn]
todo mês	joka kuukausi	[joka ku:kausi]
duas vezes por mês	kaksi kertaa kuukaudessa	[kaksi kerta: ku:kaudessa]

ano (m)	vuosi	[ʋuosi]
este ano	tänä vuonna	[tænæ ʋuonna]
ano que vem	ensi vuonna	[ensi ʋuonna]
no ano passado	viime vuonna	[ʋi:me ʋuonna]

há um ano	vuosi sitten	[ʋuosi sitten]
em um ano	vuoden kuluttua	[ʋuoden kuluttua]
dentro de dois anos	kahden vuoden kuluttua	[kahden ʋuoden kuluttua]
todo o ano	koko vuoden	[koko ʋuoden]
um ano inteiro	koko vuoden	[koko ʋuoden]

cada ano	joka vuosi	[joka ʋuosi]
anual (adj)	vuosittainen	[ʋuosittajnen]
anualmente	vuosittain	[ʋuosittajn]
quatro vezes por ano	neljä kertaa vuodessa	[neljæ kerta: ʋuodessa]

| data (~ de hoje) | päivämäärä | [pæjʋæ·mæ:ræ] |
| data (ex. ~ de nascimento) | päivämäärä | [pæjʋæ·mæ:ræ] |

calendário (m)	kalenteri	[kalenteri]
meio ano	puoli vuotta	[puoli ʋuotta]
seis meses	vuosipuolisko	[ʋuosi·puolisko]
estação (f)	vuodenaika	[ʋuoden·ajka]
século (m)	vuosisata	[ʋuosi·sata]

22. Unidades de medida

peso (m)	paino	[pajno]
comprimento (m)	pituus	[pitu:s]
largura (f)	leveys	[leʋeys]
altura (f)	korkeus	[korkeus]
profundidade (f)	syvyys	[syʋy:s]
volume (m)	tilavuus	[tilaʋu:s]
área (f)	pinta-ala	[pinta·ala]

grama (m)	gramma	[gramma]
miligrama (m)	milligramma	[milligramma]
quilograma (m)	kilo	[kilo]
tonelada (f)	tonni	[tonni]
libra (453,6 gramas)	pauna, naula	[pauna], [naula]
onça (f)	unssi	[unssi]

metro (m)	metri	[metri]
milímetro (m)	millimetri	[millimetri]
centímetro (m)	senttimetri	[senttimetri]
quilômetro (m)	kilometri	[kilometri]
milha (f)	peninkulma	[penin·kulma]

polegada (f)	tuuma	[tu:ma]
pé (304,74 mm)	jalka	[jalka]
jarda (914,383 mm)	jaardi	[ja:rdi]

metro (m) quadrado	neliömetri	[neliø·metri]
hectare (m)	hehtaari	[hehta:ri]

litro (m)	litra	[litra]
grau (m)	aste	[aste]
volt (m)	voltti	[ʋoltti]
ampère (m)	ampeeri	[ampe:ri]
cavalo (m) de potência	hevosvoima	[heʋos·ʋojma]

quantidade (f)	määrä	[mæ:ræ]
um pouco de ...	vähän	[ʋæɦæn]
metade (f)	puoli	[puoli]
dúzia (f)	tusina	[tusina]
peça (f)	kappale	[kappale]

tamanho (m), dimensão (f)	koko	[koko]
escala (f)	mittakaava	[mitta·ka:ʋa]

mínimo (adj)	minimaalinen	[minima:linen]
menor, mais pequeno	pienin	[pienin]
médio (adj)	keskikokoinen	[keskikokojnen]

27

| máximo (adj) | maksimaalinen | [maksima:linen] |
| maior, mais grande | suurin | [su:rin] |

23. Recipientes

pote (m) de vidro	lasitölkki	[lasi·tølkki]
lata (~ de cerveja)	purkki	[purkki]
balde (m)	sanko	[saŋko]
barril (m)	tynnyri	[tynnyri]

bacia (~ de plástico)	pesuvati	[pesu·ʋati]
tanque (m)	säiliö	[sæjliø]
cantil (m) de bolso	kenttäpullo	[kenttæ·pullo]
galão (m) de gasolina	jerrykannu	[jerry·kannu]
cisterna (f)	säiliö	[sæjliø]

caneca (f)	muki	[muki]
xícara (f)	kuppi	[kuppi]
pires (m)	teevati	[te:ʋati]
copo (m)	juomalasi	[juoma·lasi]
taça (f) de vinho	viinilasi	[ʋi:ni·lasi]
panela (f)	kasari, kattila	[kasari], [kattila]

| garrafa (f) | pullo | [pullo] |
| gargalo (m) | pullonkaula | [pulloŋ·kaula] |

jarra (f)	karahvi	[karahʋi]
jarro (m)	kannu	[kannu]
recipiente (m)	astia	[astia]
pote (m)	ruukku	[ru:kku]
vaso (m)	vaasi, maljakko	[ʋa:si], [maljakko]

frasco (~ de perfume)	pullo	[pullo]
frasquinho (m)	pieni pullo	[pjeni pullo]
tubo (m)	tuubi	[tu:bi]

saco (ex. ~ de açúcar)	säkki	[sækki]
sacola (~ plastica)	säkki, pussi	[sækki], [pussi]
maço (de cigarros, etc.)	aski	[aski]

caixa (~ de sapatos, etc.)	laatikko	[la:tikko]
caixote (~ de madeira)	laatikko	[la:tikko]
cesto (m)	kori	[kori]

O SER HUMANO

O ser humano. O corpo

24. Cabeça

cabeça (f)	**pää**	[pæ:]
rosto, cara (f)	**kasvot**	[kɑsʋot]
nariz (m)	**nenä**	[nenæ]
boca (f)	**suu**	[su:]
olho (m)	**silmä**	[silmæ]
olhos (m pl)	**silmät**	[silmæt]
pupila (f)	**silmäterä**	[silmæ·teræ]
sobrancelha (f)	**kulmakarva**	[kulmɑ·kɑrʋɑ]
cílio (f)	**ripsi**	[ripsi]
pálpebra (f)	**silmäluomi**	[silmæ·luomi]
língua (f)	**kieli**	[kieli]
dente (m)	**hammas**	[hɑmmɑs]
lábios (m pl)	**huulet**	[hu:let]
maçãs (f pl) do rosto	**poskipäät**	[poski·pæ:t]
gengiva (f)	**ien**	[ien]
palato (m)	**kitalaki**	[kitɑlɑki]
narinas (f pl)	**sieraimet**	[sierɑjmet]
queixo (m)	**leuka**	[leukɑ]
mandíbula (f)	**leukaluu**	[leukɑ·lu:]
bochecha (f)	**poski**	[poski]
testa (f)	**otsa**	[otsɑ]
têmpora (f)	**ohimo**	[oɦimo]
orelha (f)	**korva**	[korʋɑ]
costas (f pl) da cabeça	**niska**	[niskɑ]
pescoço (m)	**kaula**	[kɑulɑ]
garganta (f)	**kurkku**	[kurkku]
cabelo (m)	**hiukset**	[hiukset]
penteado (m)	**kampaus**	[kɑmpɑus]
corte (m) de cabelo	**kampaus**	[kɑmpɑus]
peruca (f)	**tekotukka**	[teko·tukkɑ]
bigode (m)	**viikset**	[ʋi:kset]
barba (f)	**parta**	[pɑrtɑ]
ter (~ barba, etc.)	**pitää**	[pitæ:]
trança (f)	**letti**	[letti]
suíças (f pl)	**poskiparta**	[poski·pɑrtɑ]
ruivo (adj)	**punatukkainen**	[punɑ·tukkɑjnen]
grisalho (adj)	**harmaa**	[hɑrmɑ:]

| careca (adj) | kalju | [kalju] |
| calva (f) | kaljuus | [kalju:s] |

| rabo-de-cavalo (m) | poninhäntä | [ponin·hæntæ] |
| franja (f) | otsatukka | [otsa·tukka] |

25. Corpo humano

| mão (f) | käsi | [kæsi] |
| braço (m) | käsivarsi | [kæsi·ʋarssi] |

dedo (m)	sormi	[sormi]
dedo (m) do pé	varvas	[ʋarʋas]
polegar (m)	peukalo	[peukalo]
dedo (m) mindinho	pikkusormi	[pikku·sormi]
unha (f)	kynsi	[kynsi]

punho (m)	nyrkki	[nyrkki]
palma (f)	kämmen	[kæmmen]
pulso (m)	ranne	[ranne]
antebraço (m)	kyynärvarsi	[ky:nær·ʋarsi]
cotovelo (m)	kyynärpää	[ky:nær·pæ:]
ombro (m)	hartia	[hartia]

perna (f)	jalka	[jalka]
pé (m)	jalkaterä	[jalka·teræ]
joelho (m)	polvi	[polʋi]
panturrilha (f)	pohje	[pohje]
quadril (m)	reisi	[rejsi]
calcanhar (m)	kantapää	[kantapæ:]

corpo (m)	vartalo	[ʋartalo]
barriga (f), ventre (m)	maha	[maɦa]
peito (m)	rinta	[rinta]
seio (m)	rinnat	[rinnat]
lado (m)	kylki	[kylki]
costas (dorso)	selkä	[selkæ]
região (f) lombar	ristiselkä	[risti·selkæ]
cintura (f)	vyötärö	[ʋyøtærø]

umbigo (m)	napa	[napa]
nádegas (f pl)	pakarat	[pakarat]
traseiro (m)	takapuoli	[taka·puoli]

sinal (m), pinta (f)	luomi	[luomi]
sinal (m) de nascença	syntymämerkki	[syntymæ·merkki]
tatuagem (f)	tatuointi	[tatuojnti]
cicatriz (f)	arpi	[arpi]

Vestuário & Acessórios

26. Roupa exterior. Casacos

roupa (f)	vaatteet	[ʋɑːtteːt]
roupa (f) exterior	päällysvaatteet	[pæːllys·ʋɑːtteːt]
roupa (f) de inverno	talvivaatteet	[talʋi·ʋɑːtteːt]
sobretudo (m)	takki	[takki]
casaco (m) de pele	turkki	[turkki]
jaqueta (f) de pele	puoliturkki	[puoli·turkki]
casaco (m) acolchoado	untuvatakki	[untuʋɑ·takki]
casaco (m), jaqueta (f)	takki	[takki]
impermeável (m)	sadetakki	[sade·takki]
a prova d'água	vedenpitävä	[ʋeden·pitæʋæ]

27. Vestuário de homem & mulher

camisa (f)	paita	[pajta]
calça (f)	housut	[housut]
jeans (m)	farkut	[farkut]
paletó, terno (m)	pikkutakki	[pikku·takki]
terno (m)	puku	[puku]
vestido (ex. ~ de noiva)	leninki	[leniŋki]
saia (f)	hame	[hame]
blusa (f)	pusero	[pusero]
casaco (m) de malha	villapusero	[ʋilla·pusero]
casaco, blazer (m)	jakku	[jakku]
camiseta (f)	T-paita	[te·pajta]
short (m)	shortsit, sortsit	[sortsit]
training (m)	urheilupuku	[urhejlu·puku]
roupão (m) de banho	kylpytakki	[kylpy·takki]
pijama (m)	pyjama	[pyjama]
suéter (m)	villapaita	[ʋilla·pajta]
pulôver (m)	neulepusero	[neule·pusero]
colete (m)	liivi	[liːʋi]
fraque (m)	frakki	[frakki]
smoking (m)	smokki	[smokki]
uniforme (m)	univormu	[uniʋormu]
roupa (f) de trabalho	työvaatteet	[tyø·ʋɑːtteːt]
macacão (m)	haalari	[haːlari]
jaleco (m), bata (f)	lääkärintakki	[læːkærin·takki]

28. Vestuário. Roupa interior

roupa (f) íntima	alusvaatteet	[alus·ʋɑ:tte:t]
cueca boxer (f)	bokserit	[bokserit]
calcinha (f)	pikkuhousut	[pikku·housut]
camiseta (f)	aluspaita	[alus·pɑjta]
meias (f pl)	sukat	[sukat]
camisola (f)	yöpuku	[yøpuku]
sutiã (m)	rintaliivit	[rinta·li:ʋit]
meias longas (f pl)	polvisukat	[polʋi·sukat]
meias-calças (f pl)	sukkahousut	[sukka·housut]
meias (~ de nylon)	sukat	[sukat]
maiô (m)	uimapuku	[ujma·puku]

29. Adereços de cabeça

chapéu (m), touca (f)	hattu	[hattu]
chapéu (m) de feltro	fedora-hattu	[fedora·hattu]
boné (m) de beisebol	lippalakki	[lippa·lakki]
boina (~ italiana)	lakki	[lakki]
boina (ex. ~ basca)	baskeri	[baskeri]
capuz (m)	huppu	[huppu]
chapéu panamá (m)	panamahattu	[panama·hattu]
touca (f)	pipo	[pipo]
lenço (m)	huivi	[huiʋi]
chapéu (m) feminino	naisten hattu	[nɑjsten hattu]
capacete (m) de proteção	suojakypärä	[suoja·kypæræ]
bibico (m)	suikka	[suikka]
capacete (m)	kypärä	[kypæræ]
chapéu-coco (m)	knalli	[knalli]
cartola (f)	silinterihattu	[silinteri·hattu]

30. Calçado

calçado (m)	jalkineet	[jalkine:t]
botinas (f pl), sapatos (m pl)	varsikengät	[ʋarsikeŋæt]
sapatos (de salto alto, etc.)	naisten kengät	[nɑjsten keŋæt]
botas (f pl)	saappaat	[sa:ppɑ:t]
pantufas (f pl)	tossut	[tossut]
tênis (~ Nike, etc.)	lenkkitossut	[leŋkki·tossut]
tênis (~ Converse)	lenkkarit	[leŋkkarit]
sandálias (f pl)	sandaalit	[sandɑ:lit]
sapateiro (m)	suutari	[su:tari]
salto (m)	korko	[korko]

par (m)	pari	[pɑri]
cadarço (m)	nauha	[nɑuɦɑ]
amarrar os cadarços	sitoa kengännauhat	[sitoɑ keŋænnɑuɦɑt]
calçadeira (f)	kenkälusikka	[keŋkæ·lusikkɑ]
graxa (f) para calçado	kenkävoide	[keŋkæ·ʋojde]

31. Acessórios pessoais

luva (f)	käsineet	[kæsine:t]
mitenes (f pl)	lapaset	[lɑpɑset]
cachecol (m)	kaulaliina	[kɑulɑ·li:nɑ]

óculos (m pl)	silmälasit	[silmæ·lɑsit]
armação (f)	kehys	[keɦys]
guarda-chuva (m)	sateenvarjo	[sɑte:n·ʋɑrjo]
bengala (f)	kävelykeppi	[kæʋely·keppi]
escova (f) para o cabelo	hiusharja	[hius·hɑrjɑ]
leque (m)	viuhka	[ʋiuhkɑ]

gravata (f)	solmio	[solmio]
gravata-borboleta (f)	rusetti	[rusetti]
suspensórios (m pl)	henkselit	[heŋkselit]
lenço (m)	nenäliina	[nenæ·li:nɑ]

pente (m)	kampa	[kɑmpɑ]
fivela (f) para cabelo	hiussolki	[hius·solki]
grampo (m)	hiusneula	[hius·neulɑ]
fivela (f)	solki	[solki]

cinto (m)	vyö	[ʋyø]
alça (f) de ombro	hihna	[hihnɑ]

bolsa (f)	laukku	[lɑukku]
bolsa (feminina)	käsilaukku	[kæsi·lɑukku]
mochila (f)	reppu	[reppu]

32. Vestuário. Diversos

moda (f)	muoti	[muoti]
na moda (adj)	muodikas	[muodikɑs]
estilista (m)	mallisuunnittelija	[mɑlli·su:nnittelijɑ]

colarinho (m)	kaulus	[kɑulus]
bolso (m)	tasku	[tɑsku]
de bolso	tasku-	[tɑsku]
manga (f)	hiha	[hiɦɑ]
ganchinho (m)	raksi	[rɑksi]
bragueta (f)	halkio	[hɑlkio]

zíper (m)	vetoketju	[ʋeto·ketju]
colchete (m)	kiinnitin	[ki:nnitin]
botão (m)	nappi	[nɑppi]

botoeira (casa de botão)	napinläpi	[napin·læpi]
soltar-se (vr)	irrota	[irrota]

costurar (vi)	ommella	[ommella]
bordar (vt)	kirjoa	[kirjoa]
bordado (m)	kirjonta	[kirjonta]
agulha (f)	neula	[neula]
fio, linha (f)	lanka	[laŋka]
costura (f)	sauma	[sauma]

sujar-se (vr)	tahraantua	[tahra:ntua]
mancha (f)	tahra	[tahra]
amarrotar-se (vr)	rypistyä	[rypistyæ]
rasgar (vt)	repiä	[repiæ]
traça (f)	koi	[koj]

33. Cuidados pessoais. Cosméticos

pasta (f) de dente	hammastahna	[hammas·tahna]
escova (f) de dente	hammasharja	[hammas·harja]
escovar os dentes	harjata hampaita	[harjata hampajta]

gilete (f)	partahöylä	[parta·ɦøylæ]
creme (m) de barbear	partavaahdoke	[parta·ʋa:hdoke]
barbear-se (vr)	ajaa parta	[aja: parta]

sabonete (m)	saippua	[sajppua]
xampu (m)	sampoo	[sampo:]

tesoura (f)	sakset	[sakset]
lixa (f) de unhas	kynsiviila	[kynsi·ʋi:la]
corta-unhas (m)	kynsileikkuri	[kynsi·lejkkuri]
pinça (f)	pinsetit	[pinsetit]

cosméticos (m pl)	meikki	[mejkki]
máscara (f)	kasvonaamio	[kasʋo·na:mio]
manicure (f)	manikyyri	[maniky:ri]
fazer as unhas	hoitaa kynsiä	[hojta: kynsiæ]
pedicure (f)	jalkahoito	[jalka·hojto]

bolsa (f) de maquiagem	meikkipussi	[mejkki·pussi]
pó (de arroz)	puuteri	[pu:teri]
pó (m) compacto	puuterirasia	[pu:teri·rasia]
blush (m)	poskipuna	[poski·puna]

perfume (m)	parfyymi	[parfy:mi]
água-de-colônia (f)	eau de toilette, hajuvesi	[o·de·tualet], [haju·ʋesi]
loção (f)	kasvovesi	[kasʋo·ʋesi]
colônia (f)	kölninvesi	[kølnin·ʋesi]

sombra (f) de olhos	luomiväri	[luomi·ʋæri]
delineador (m)	rajauskynä	[rajaus·kynæ]
máscara (f), rímel (m)	ripsiväri	[ripsi·ʋæri]
batom (m)	huulipuna	[hu:li·puna]

esmalte (m)	kynsilakka	[kynsi·lakka]
laquê (m), spray fixador (m)	hiuslakka	[hius·lakka]
desodorante (m)	deodorantti	[deodorantti]

creme (m)	voide	[ʋojde]
creme (m) de rosto	kasvovoide	[kasʋo·ʋojde]
creme (m) de mãos	käsivoide	[kæsi·ʋojde]
creme (m) antirrugas	ryppyvoide	[ryppy·ʋojde]
creme (m) de dia	päivävoide	[pæjʋæ·ʋojde]
creme (m) de noite	yövoide	[yø·ʋojde]
de dia	päivä-	[pæjʋæ]
da noite	yö-	[yø]

absorvente (m) interno	tamponi	[tamponi]
papel (m) higiênico	vessapaperi	[ʋessa·paperi]
secador (m) de cabelo	hiustenkuivaaja	[hiusteŋ·kujʋa:ja]

34. Relógios de pulso. Relógios

relógio (m) de pulso	rannekello	[ranne·kello]
mostrador (m)	kellotaulu	[kello·taulu]
ponteiro (m)	osoitin	[osojtin]
bracelete (em aço)	metalliranneke	[metalli·ranneke]
bracelete (em couro)	ranneke	[ranneke]

pilha (f)	paristo	[paristo]
acabar (vi)	olla tyhjä	[olla tyhjæ]
trocar a pilha	vaihtaa paristo	[ʋajhta: paristo]
estar adiantado	edistää	[edistæ:]
estar atrasado	jätättää	[ætættæ:]

relógio (m) de parede	seinäkello	[sejnæ·kello]
ampulheta (f)	tiimalasi	[ti:malasi]
relógio (m) de sol	aurinkokello	[auriŋko·kello]
despertador (m)	herätyskello	[herætys·kello]
relojoeiro (m)	kelloseppä	[kello·seppæ]
reparar (vt)	korjata	[korjata]

35

Alimentação. Nutrição

35. Comida

carne (f)	liha	[liħa]
galinha (f)	kana	[kana]
frango (m)	kananpoika	[kanan·pojka]
pato (m)	ankka	[aŋkka]
ganso (m)	hanhi	[hanhi]
caça (f)	riista	[ri:sta]
peru (m)	kalkkuna	[kalkkuna]
carne (f) de porco	sianliha	[sian·liħa]
carne (f) de vitela	vasikanliha	[ʋasikan·liħa]
carne (f) de carneiro	lampaanliha	[lampa:n·liħa]
carne (f) de vaca	naudanliha	[naudan·liħa]
carne (f) de coelho	kaniini	[kani:ni]
linguiça (f), salsichão (m)	makkara	[makkara]
salsicha (f)	nakki	[nakki]
bacon (m)	pekoni	[pekoni]
presunto (m)	kinkku	[kiŋkku]
pernil (m) de porco	savustettu kinkku	[saʋustettu kiŋkku]
patê (m)	patee	[pate:]
fígado (m)	maksa	[maksa]
guisado (m)	jauheliha	[jauħe·liħa]
língua (f)	kieli	[kieli]
ovo (m)	muna	[muna]
ovos (m pl)	munat	[munat]
clara (f) de ovo	valkuainen	[ʋalku·ajnen]
gema (f) de ovo	keltuainen	[keltuajnen]
peixe (m)	kala	[kala]
mariscos (m pl)	meren antimet	[meren antimet]
crustáceos (m pl)	äyriäiset	[æyriæjset]
caviar (m)	kaviaari	[kaʋia:ri]
caranguejo (m)	kuningasrapu	[kuniŋas·rapu]
camarão (m)	katkarapu	[katkarapu]
ostra (f)	osteri	[osteri]
lagosta (f)	langusti	[laŋusti]
polvo (m)	meritursas	[meri·tursas]
lula (f)	kalmari	[kalmari]
esturjão (m)	sampi	[sampi]
salmão (m)	lohi	[loħi]
halibute (m)	pallas	[pallas]
bacalhau (m)	turska	[turska]

cavala, sarda (f)	makrilli	[makrilli]
atum (m)	tonnikala	[tonnikala]
enguia (f)	ankerias	[aŋkerias]

truta (f)	taimen	[tajmen]
sardinha (f)	sardiini	[sardi:ni]
lúcio (m)	hauki	[hauki]
arenque (m)	silli	[silli]

pão (m)	leipä	[lejpæ]
queijo (m)	juusto	[ju:sto]
açúcar (m)	sokeri	[sokeri]
sal (m)	suola	[suola]

arroz (m)	riisi	[ri:si]
massas (f pl)	pasta, makaroni	[pasta], [makaroni]
talharim, miojo (m)	nuudeli	[nu:deli]

manteiga (f)	voi	[ʋoj]
óleo (m) vegetal	kasviöljy	[kasʋi·øljy]
óleo (m) de girassol	auringonkukkaöljy	[auriŋon·kukka·øljy]
margarina (f)	margariini	[margari:ni]

| azeitonas (f pl) | oliivit | [oli:ʋit] |
| azeite (m) | oliiviöljy | [oli:ʋi·øljy] |

leite (m)	maito	[majto]
leite (m) condensado	maitotiiviste	[majto·ti:ʋiste]
iogurte (m)	jogurtti	[jogurtti]
creme (m) azedo	hapankerma	[hapan·kerma]
creme (m) de leite	kerma	[kerma]

| maionese (f) | majoneesi | [majone:si] |
| creme (m) | kreemi | [kre:mi] |

grãos (m pl) de cereais	suurimot	[su:rimot]
farinha (f)	jauhot	[jauɦot]
enlatados (m pl)	säilyke	[sæjlyke]

flocos (m pl) de milho	maissimurot	[majssi·murot]
mel (m)	hunaja	[hunaja]
geleia (m)	hillo	[hillo]
chiclete (m)	purukumi	[puru·kumi]

36. Bebidas

água (f)	vesi	[ʋesi]
água (f) potável	juomavesi	[juoma·ʋesi]
água (f) mineral	kivennäisvesi	[kiʋennæjs·ʋesi]

sem gás (adj)	ilman hiilihappoa	[ilman hi:li·happoa]
gaseificada (adj)	hiilihappovettä	[hi:li·happoʋetta]
com gás	hiilihappoinen	[hi:li·happojnen]
gelo (m)	jää	[jæ:]

com gelo	jään kanssa	[jæ:n kanssa]
não alcoólico (adj)	alkoholiton	[alkoholiton]
refrigerante (m)	alkoholiton juoma	[alkoholiton juoma]
refresco (m)	virvoitusjuoma	[ʋirʋojtus·juoma]
limonada (f)	limonadi	[limonadi]
bebidas (f pl) alcoólicas	alkoholijuomat	[alkoholi·juomat]
vinho (m)	viini	[ʋi:ni]
vinho (m) branco	valkoviini	[ʋalko·ʋi:ni]
vinho (m) tinto	punaviini	[puna·ʋi:ni]
licor (m)	likööri	[likø:ri]
champanhe (m)	samppanja	[samppanja]
vermute (m)	vermutti	[ʋermutti]
uísque (m)	viski	[ʋiski]
vodca (f)	votka, vodka	[ʋotka], [ʋodka]
gim (m)	gini	[gini]
conhaque (m)	konjakki	[konjakki]
rum (m)	rommi	[rommi]
café (m)	kahvi	[kahʋi]
café (m) preto	musta kahvi	[musta kahʋi]
café (m) com leite	maitokahvi	[majto·kahʋi]
cappuccino (m)	cappuccino	[kaputʃi:no]
café (m) solúvel	murukahvi	[muru·kahʋi]
leite (m)	maito	[majto]
coquetel (m)	cocktail	[koktejl]
batida (f), milkshake (m)	pirtelö	[pirtelø]
suco (m)	mehu	[mehu]
suco (m) de tomate	tomaattimehu	[toma:tti·mehu]
suco (m) de laranja	appelsiinimehu	[appelsi:ni·mehu]
suco (m) fresco	tuoremehu	[tuore·mehu]
cerveja (f)	olut	[olut]
cerveja (f) clara	vaalea olut	[ʋa:lea olut]
cerveja (f) preta	tumma olut	[tumma olut]
chá (m)	tee	[te:]
chá (m) preto	musta tee	[musta te:]
chá (m) verde	vihreä tee	[ʋihreæ te:]

37. Vegetais

vegetais (m pl)	vihannekset	[ʋihannekset]
verdura (f)	lehtikasvikset	[lehti·kasʋikset]
tomate (m)	tomaatti	[toma:tti]
pepino (m)	kurkku	[kurkku]
cenoura (f)	porkkana	[porkkana]
batata (f)	peruna	[peruna]
cebola (f)	sipuli	[sipuli]

alho (m)	valkosipuli	[ʋalko·sipuli]
couve (f)	kaali	[kɑːli]
couve-flor (f)	kukkakaali	[kukka·kɑːli]
couve-de-bruxelas (f)	brysselinkaali	[brysseliŋ·kɑːli]
brócolis (m pl)	parsakaali	[parsa·kɑːli]

beterraba (f)	punajuuri	[puna·juːri]
berinjela (f)	munakoiso	[muna·kojso]
abobrinha (f)	kesäkurpitsa	[kesæ·kurpitsɑ]
abóbora (f)	kurpitsa	[kurpitsɑ]
nabo (m)	nauris	[nɑuris]

salsa (f)	persilja	[persilja]
endro, aneto (m)	tilli	[tilli]
alface (f)	lehtisalaatti	[lehti·salɑːtti]
aipo (m)	selleri	[selleri]
aspargo (m)	parsa	[parsɑ]
espinafre (m)	pinaatti	[pinɑːtti]

ervilha (f)	herne	[herne]
feijão (~ soja, etc.)	pavut	[paʋut]
milho (m)	maissi	[majssi]
feijão (m) roxo	pavut	[paʋut]

pimentão (m)	paprika	[paprikɑ]
rabanete (m)	retiisi	[retiːsi]
alcachofra (f)	artisokka	[artisokkɑ]

38. Frutos. Nozes

fruta (f)	hedelmä	[hedelmæ]
maçã (f)	omena	[omenɑ]
pera (f)	päärynä	[pæːrynæ]
limão (m)	sitruuna	[sitruːnɑ]
laranja (f)	appelsiini	[appelsiːni]
morango (m)	mansikka	[mansikkɑ]

tangerina (f)	mandariini	[mandariːni]
ameixa (f)	luumu	[luːmu]
pêssego (m)	persikka	[persikkɑ]
damasco (m)	aprikoosi	[apriko:si]
framboesa (f)	vadelma	[ʋadelmɑ]
abacaxi (m)	ananas	[ananɑs]

banana (f)	banaani	[banɑːni]
melancia (f)	vesimeloni	[ʋesi·meloni]
uva (f)	viinirypäleet	[ʋiːni·rypæleːt]
ginja (f)	hapankirsikka	[hapan·kirsikkɑ]
cereja (f)	linnunkirsikka	[linnun·kirsikkɑ]
melão (m)	meloni	[meloni]

toranja (f)	greippi	[grejppi]
abacate (m)	avokado	[aʋokado]
mamão (m)	papaija	[papaijɑ]

| manga (f) | mango | [maŋo] |
| romã (f) | granaattiomena | [grana:tti·omena] |

groselha (f) vermelha	punaherukka	[puna·ɦerukka]
groselha (f) negra	mustaherukka	[musta·ɦerukka]
groselha (f) espinhosa	karviainen	[karʋiajnen]
mirtilo (m)	mustikka	[mustikka]
amora (f) silvestre	karhunvatukka	[karhun·ʋatukka]

passa (f)	rusina	[rusina]
figo (m)	viikuna	[ʋi:kuna]
tâmara (f)	taateli	[ta:teli]

amendoim (m)	maapähkinä	[ma:pæhkinæ]
amêndoa (f)	manteli	[manteli]
noz (f)	saksanpähkinä	[saksan·pæhkinæ]
avelã (f)	hasselpähkinä	[hassel·pæhkinæ]
coco (m)	kookospähkinä	[ko:kos·pæhkinæ]
pistaches (m pl)	pistaasi	[pista:si]

39. Pão. Bolaria

pastelaria (f)	konditoriatuotteet	[konditorja·tuotte:t]
pão (m)	leipä	[lejpæ]
biscoito (m), bolacha (f)	keksit	[keksit]

chocolate (m)	suklaa	[sukla:]
de chocolate	suklaa-	[sukla:]
bala (f)	karamelli	[karamelli]
doce (bolo pequeno)	leivos	[lejʋos]
bolo (m) de aniversário	kakku	[kakku]

| torta (f) | piirakka | [pi:rakka] |
| recheio (m) | täyte | [tæyte] |

geleia (m)	hillo	[hillo]
marmelada (f)	marmeladi	[marmeladi]
wafers (m pl)	vohvelit	[ʋohʋelit]
sorvete (m)	jäätelö	[jæ:telø]
pudim (m)	vanukas	[ʋanukas]

40. Pratos cozinhados

prato (m)	ruokalaji	[ruoka·laji]
cozinha (~ portuguesa)	keittiö	[kejttiø]
receita (f)	resepti	[resepti]
porção (f)	annos	[annos]

salada (f)	salaatti	[sala:tti]
sopa (f)	keitto	[kejtto]
caldo (m)	liemi	[liemi]
sanduíche (m)	voileipä	[ʋoj·lejpæ]

ovos (m pl) fritos	paistettu muna	[pɑjstettu munɑ]
hambúrguer (m)	hampurilainen	[hampurilɑjnen]
bife (m)	pihvi	[pihʋi]

acompanhamento (m)	lisäke	[lisæke]
espaguete (m)	spagetti	[spɑgetti]
purê (m) de batata	perunasose	[peruna·sose]
pizza (f)	pizza	[pitsɑ]
mingau (m)	puuro	[puːro]
omelete (f)	munakas	[munɑkɑs]

fervido (adj)	keitetty	[kejtetty]
defumado (adj)	savustettu	[sɑuustettu]
frito (adj)	paistettu	[pɑjstettu]
seco (adj)	kuivattu	[kujʋɑttu]
congelado (adj)	jäädytetty	[jæːdytetty]
em conserva (adj)	säilötty	[sæjløtty]

doce (adj)	makea	[mɑkeɑ]
salgado (adj)	suolainen	[suolɑjnen]
frio (adj)	kylmä	[kylmæ]
quente (adj)	kuuma	[kuːmɑ]
amargo (adj)	karvas	[kɑrʋɑs]
gostoso (adj)	maukas	[mɑukɑs]

cozinhar em água fervente	keittää	[kejttæː]
preparar (vt)	laittaa ruokaa	[lɑjttɑː ruokɑː]
fritar (vt)	paistaa	[pɑjstɑː]
aquecer (vt)	lämmittää	[læmmittæː]

salgar (vt)	suolata	[suolɑtɑ]
apimentar (vt)	pippuroida	[pippurojdɑ]
ralar (vt)	raastaa	[rɑːstɑː]
casca (f)	kuori	[kuori]
descascar (vt)	kuoria	[kuoriɑ]

41. Especiarias

sal (m)	suola	[suolɑ]
salgado (adj)	suolainen	[suolɑjnen]
salgar (vt)	suolata	[suolɑtɑ]

pimenta-do-reino (f)	musta pippuri	[musta pippuri]
pimenta (f) vermelha	kuuma pippuri	[kuːmɑ pippuri]
mostarda (f)	sinappi	[sinɑppi]
raiz-forte (f)	piparjuuri	[pipɑr·juːri]

condimento (m)	höyste	[høyste]
especiaria (f)	mauste	[mɑuste]
molho (~ inglês)	kastike	[kɑstike]
vinagre (m)	etikka	[etikkɑ]

anis estrelado (m)	anis	[ɑnis]
manjericão (m)	basilika	[bɑsilikɑ]

cravo (m)	neilikka	[nejlikka]
gengibre (m)	inkivääri	[iŋkiʋæ:ri]
coentro (m)	korianteri	[korianteri]
canela (f)	kaneli	[kaneli]

gergelim (m)	seesami	[se:sami]
folha (f) de louro	laakerinlehti	[la:kerin·lehti]
páprica (f)	paprika	[paprika]
cominho (m)	kumina	[kumina]
açafrão (m)	sahrami	[sahrami]

42. Refeições

comida (f)	ruoka	[ruoka]
comer (vt)	syödä	[syødæ]

café (m) da manhã	aamiainen	[a:miajnen]
tomar café da manhã	syödä aamiaista	[syødæ a:miajsta]
almoço (m)	lounas	[lounas]
almoçar (vi)	syödä lounasta	[syødæ lounasta]
jantar (m)	illallinen	[illallinen]
jantar (vi)	syödä illallista	[syødæ illallista]

apetite (m)	ruokahalu	[ruoka·halu]
Bom apetite!	Hyvää ruokahalua!	[hyʋæ: ruokaɦalua]

abrir (~ uma lata, etc.)	avata	[aʋata]
derramar (~ líquido)	läikyttää	[læjkyttæ:]
derramar-se (vr)	läikkyä	[læjkkyæ]

ferver (vi)	kiehua	[kieɦua]
ferver (vt)	keittää	[kejttæ:]
fervido (adj)	keitetty	[kejtetty]

esfriar (vt)	jäähdyttää	[jæ:hdyttæ:]
esfriar-se (vr)	jäähtyä	[jæ:htyæ]

sabor, gosto (m)	maku	[maku]
fim (m) de boca	sivumaku	[siʋu·maku]

emagrecer (vi)	olla dieetillä	[olla die:tilæ]
dieta (f)	dieetti	[die:ti]
vitamina (f)	vitamiini	[ʋitami:ni]
caloria (f)	kalori	[kalori]

vegetariano (m)	kasvissyöjä	[kasʋissyøjæ]
vegetariano (adj)	kasvis-	[kasʋis]

gorduras (f pl)	rasvat	[rasʋat]
proteínas (f pl)	proteiinit	[protei:nit]
carboidratos (m pl)	hiilihydraatit	[hi:li·hydra:tit]
fatia (~ de limão, etc.)	viipale	[ʋi:pale]
pedaço (~ de bolo)	pala, viipale	[pala], [ʋi:pale]
migalha (f), farelo (m)	muru	[muru]

43. Por a mesa

colher (f)	lusikka	[lusikka]
faca (f)	veitsi	[ʋejtsi]
garfo (m)	haarukka	[ha:rukka]
xícara (f)	kuppi	[kuppi]
prato (m)	lautanen	[lautanen]
pires (m)	teevati	[te:ʋati]
guardanapo (m)	lautasliina	[lautas·li:na]
palito (m)	hammastikku	[hammas·tikku]

44. Restaurante

restaurante (m)	ravintola	[raʋintola]
cafeteria (f)	kahvila	[kahʋila]
bar (m), cervejaria (f)	baari	[ba:ri]
salão (m) de chá	teehuone	[te:huone]
garçom (m)	tarjoilija	[tarjoilija]
garçonete (f)	tarjoilijatar	[tarjoilijatar]
barman (m)	baarimestari	[ba:ri·mestari]
cardápio (m)	ruokalista	[ruoka·lista]
lista (f) de vinhos	viinilista	[ʋi:ni·lista]
reservar uma mesa	varata pöytä	[ʋarata pøytæ]
prato (m)	ruokalaji	[ruoka·laji]
pedir (vt)	tilata	[tilata]
fazer o pedido	tilata	[tilata]
aperitivo (m)	aperitiivi	[aperiti:ʋi]
entrada (f)	alkupala	[alku·pala]
sobremesa (f)	jälkiruoka	[jælki·ruoka]
conta (f)	lasku	[lasku]
pagar a conta	maksaa lasku	[maksa: lasku]
dar o troco	antaa vaihtorahaa	[anta: ʋajhtoraha:]
gorjeta (f)	juomaraha	[juoma·raɦa]

Família, parentes e amigos

45. Informação pessoal. Formulários

nome (m)	nimi	[nimi]
sobrenome (m)	sukunimi	[suku·nimi]
data (f) de nascimento	syntymäpäivä	[syntymæ·pæjʋæ]
local (m) de nascimento	syntymäpaikka	[syntymæ·pajkka]
nacionalidade (f)	kansallisuus	[kansallisu:s]
lugar (m) de residência	asuinpaikka	[asujn·pajkka]
país (m)	maa	[mɑ:]
profissão (f)	ammatti	[ammatti]
sexo (m)	sukupuoli	[suku·puoli]
estatura (f)	pituus	[pitu:s]
peso (m)	paino	[pajno]

46. Membros da família. Parentes

mãe (f)	äiti	[æjti]
pai (m)	isä	[isæ]
filho (m)	poika	[pojka]
filha (f)	tytär	[tytær]
caçula (f)	nuorempi tytär	[nuorempi tytær]
caçula (m)	nuorempi poika	[nuorempi pojka]
filha (f) mais velha	vanhempi tytär	[ʋanhempi tytær]
filho (m) mais velho	vanhempi poika	[ʋanhempi pojka]
irmão (m)	veli	[ʋeli]
irmão (m) mais velho	vanhempi veli	[ʋanhempi ʋeli]
irmão (m) mais novo	nuorempi veli	[nuorempi ʋeli]
irmã (f)	sisar	[sisar]
irmã (f) mais velha	vanhempi sisar	[ʋanhempi sisar]
irmã (f) mais nova	nuorempi sisar	[nuorempi sisar]
primo (m)	serkku	[serkku]
prima (f)	serkku	[serkku]
mamãe (f)	äiti	[æjti]
papai (m)	isä	[isæ]
pais (pl)	vanhemmat	[ʋanhemmat]
criança (f)	lapsi	[lapsi]
crianças (f pl)	lapset	[lapset]
avó (f)	isoäiti	[iso·æjti]
avô (m)	isoisä	[iso·isæ]
neto (m)	lapsenlapsi	[lapsen·lapsi]

| neta (f) | lapsenlapsi | [lapsen·lapsi] |
| netos (pl) | lastenlapset | [lasten·lapset] |

tio (m)	setä	[setæ]
tia (f)	täti	[tæti]
sobrinho (m)	veljenpoika	[ʋeljen·pojka]
sobrinha (f)	sisarenpoika	[sisaren·pojka]

sogra (f)	anoppi	[anoppi]
sogro (m)	appi	[appi]
genro (m)	vävy	[ʋæʋy]
madrasta (f)	äitipuoli	[æjti·puoli]
padrasto (m)	isäpuoli	[isæ·puoli]

criança (f) de colo	rintalapsi	[rinta·lapsi]
bebê (m)	vauva	[ʋauʋa]
menino (m)	lapsi, pienokainen	[lapsi], [pienokajnen]

mulher (f)	vaimo	[ʋajmo]
marido (m)	mies	[mies]
esposo (m)	aviomies	[aʋiomies]
esposa (f)	aviovaimo	[aʋioʋajmo]

casado (adj)	naimisissa	[najmisissa]
casada (adj)	naimisissa	[najmisissa]
solteiro (adj)	naimaton	[najmaton]
solteirão (m)	poikamies	[pojkamies]
divorciado (adj)	eronnut	[eronnut]
viúva (f)	leski	[leski]
viúvo (m)	leski	[leski]

parente (m)	sukulainen	[sukulajnen]
parente (m) próximo	lähisukulainen	[læɦi·sukulajnen]
parente (m) distante	kaukainen sukulainen	[kaukajnen sukulajnen]
parentes (m pl)	sukulaiset	[sukulajset]

órfão (m), órfã (f)	orpo	[orpo]
tutor (m)	holhooja	[holho:ja]
adotar (um filho)	adoptoida	[adoptojda]
adotar (uma filha)	adoptoida	[adoptojda]

Medicina

47. Doenças

doença (f)	sairaus	[sɑjrɑus]
estar doente	sairastaa	[sɑjrɑstɑ:]
saúde (f)	terveys	[terʋeys]
nariz (m) escorrendo	nuha	[nuɦɑ]
amigdalite (f)	angiina	[ɑŋi:nɑ]
resfriado (m)	vilustuminen	[ʋilustuminen]
ficar resfriado	vilustua	[ʋilustuɑ]
bronquite (f)	keuhkokatarri	[keuhko·kɑtɑrri]
pneumonia (f)	keuhkotulehdus	[keuhko·tulehdus]
gripe (f)	influenssa	[influenssɑ]
míope (adj)	likinäköinen	[likinækøjnen]
presbita (adj)	kaukonäköinen	[kɑukonækøjnen]
estrabismo (m)	kierosilmäisyys	[kiero·silmæjsy:s]
estrábico, vesgo (adj)	kiero	[kiero]
catarata (f)	harmaakaihi	[hɑrmɑ:kɑjhi]
glaucoma (m)	silmänpainetauti	[silmæn·pɑjne·tɑuti]
AVC (m), apoplexia (f)	aivoinfarkti	[ɑjʋo·infɑrkti]
ataque (m) cardíaco	infarkti	[infɑrkti]
enfarte (m) do miocárdio	sydäninfarkti	[sydæn·infɑrkti]
paralisia (f)	halvaus	[hɑlʋɑus]
paralisar (vt)	halvauttaa	[hɑlʋɑuttɑ:]
alergia (f)	allergia	[ɑllergiɑ]
asma (f)	astma	[ɑstmɑ]
diabetes (f)	diabetes	[diɑbetes]
dor (f) de dente	hammassärky	[hɑmmɑs·særky]
cárie (f)	hammasmätä	[hɑmmɑs·mætæ]
diarreia (f)	ripuli	[ripuli]
prisão (f) de ventre	ummetus	[ummetus]
desarranjo (m) intestinal	vatsavaiva	[ʋɑtsɑ·ʋɑjʋɑ]
intoxicação (f) alimentar	ruokamyrkytys	[ruokɑ·myrkytys]
intoxicar-se	myrkyttyä	[myrkyttyæ]
artrite (f)	niveltulehdus	[niʋel·tulehdus]
raquitismo (m)	riisitauti	[ri:sitɑti]
reumatismo (m)	reuma	[reumɑ]
arteriosclerose (f)	ateroskleroosi	[ɑterosklero:si]
gastrite (f)	mahakatarri	[mɑɦɑ·kɑtɑrri]
apendicite (f)	umpilisäketulehdus	[umpilisæke·tulehdus]

colecistite (f)	kolekystiitti	[kolekysti:tti]
úlcera (f)	haavauma	[ha:uauma]
sarampo (m)	tuhkarokko	[tuhka·rokko]
rubéola (f)	vihurirokko	[uiĥuri·rokko]
icterícia (f)	keltatauti	[kelta·tauti]
hepatite (f)	hepatiitti	[hepati:tti]
esquizofrenia (f)	jakomielisyys	[jakomielisy:s]
raiva (f)	raivotauti	[rajuo·tauti]
neurose (f)	neuroosi	[neuro:si]
contusão (f) cerebral	aivotärähdys	[ajuo·tæræhdys]
câncer (m)	syöpä	[syøpæ]
esclerose (f)	skleroosi	[sklero:si]
esclerose (f) múltipla	multippeliskleroosi	[multippeli·sklero:si]
alcoolismo (m)	alkoholismi	[alkoĥolismi]
alcoólico (m)	alkoholisti	[alkoĥolisti]
sífilis (f)	kuppa, syfilis	[kuppa], [sifilis]
AIDS (f)	AIDS	[ajds]
tumor (m)	kasvain	[kasuajn]
maligno (adj)	pahanlaatuinen	[paĥan·la:jtunen]
benigno (adj)	hyvänlaatuinen	[hyuænla:tunen]
febre (f)	kuume	[ku:me]
malária (f)	malaria	[malaria]
gangrena (f)	kuolio	[kuolio]
enjoo (m)	merisairaus	[meri·sajraus]
epilepsia (f)	epilepsia	[epilepsia]
epidemia (f)	epidemia	[epidemia]
tifo (m)	lavantauti	[lauan·tauti]
tuberculose (f)	tuberkuloosi	[tuberkulo:si]
cólera (f)	kolera	[kolera]
peste (f) bubônica	rutto	[rutto]

48. Sintomas. Tratamentos. Parte 1

sintoma (m)	oire	[ojre]
temperatura (f)	kuume	[ku:me]
febre (f)	korkea kuume	[korkea ku:me]
pulso (m)	pulssi, syke	[pulssi], [syke]
vertigem (f)	huimaus	[hujmaus]
quente (testa, etc.)	kuuma	[ku:ma]
calafrio (m)	vilunväristys	[uilun·uæristys]
pálido (adj)	kalpea	[kalpea]
tosse (f)	yskä	[yskæ]
tossir (vi)	yskiä	[yskiæ]
espirrar (vi)	aivastella	[ajuastella]
desmaio (m)	pyörtyminen	[pyørtyminen]

desmaiar (vi)	pyörtyä	[pyørtyæ]
mancha (f) preta	mustelma	[mustelma]
galo (m)	kuhmu	[kuhmu]
machucar-se (vr)	loukkaantua	[loukka:ntua]
contusão (f)	ruhje	[ruhje]
machucar-se (vr)	loukkaantua	[loukka:ntua]
mancar (vi)	ontua	[ontua]
deslocamento (f)	sijoiltaanmeno	[sijoilta:nmeno]
deslocar (vt)	siirtää sijoiltaan	[si:rtæ: sijoilta:n]
fratura (f)	murtuma	[murtuma]
fraturar (vt)	saada murtuma	[sa:da murtuma]
corte (m)	leikkaushaava	[lejkkaus·ha:ua]
cortar-se (vr)	leikata	[lejkata]
hemorragia (f)	verenvuoto	[ueren·uuoto]
queimadura (f)	palohaava	[palo·ha:ua]
queimar-se (vr)	polttaa itse	[poltta: itse]
picar (vt)	pistää	[pistæ:]
picar-se (vr)	pistää itseä	[pistæ: itseæ]
lesionar (vt)	vahingoittaa	[uahiŋojtta:]
lesão (m)	vamma, vaurio	[uamma], [uaurio]
ferida (f), ferimento (m)	haava	[ha:ua]
trauma (m)	trauma, vamma	[trauma], [uamma]
delirar (vi)	hourailla	[hourajlla]
gaguejar (vi)	änkyttää	[æŋkyttæ:]
insolação (f)	auringonpistos	[auriŋon·pistos]

49. Sintomas. Tratamentos. Parte 2

dor (f)	kipu	[kipu]
farpa (no dedo, etc.)	tikku	[tikku]
suor (m)	hiki	[hiki]
suar (vi)	hikoilla	[hikojlla]
vômito (m)	oksennus	[oksennus]
convulsões (f pl)	kouristukset	[kouristukset]
grávida (adj)	raskaana oleva	[raska:na oleua]
nascer (vi)	syntyä	[syntyæ]
parto (m)	synnytys	[synnytys]
dar à luz	synnyttää	[synnyttæ:]
aborto (m)	raskaudenkeskeytys	[raskauden·keskeytys]
respiração (f)	hengitys	[heŋitys]
inspiração (f)	sisäänhengitys	[sisæ:n·heŋitys]
expiração (f)	uloshengitys	[ulos·heŋitys]
expirar (vi)	hengittää ulos	[heŋittæ: ulos]
inspirar (vi)	hengittää sisään	[heŋittæ: sisæ:n]
inválido (m)	invalidi	[inualidi]
aleijado (m)	rampa	[rampa]

drogado (m)	narkomaani	[narkoma:ni]
surdo (adj)	kuuro	[ku:ro]
mudo (adj)	mykkä	[mykkæ]
surdo-mudo (adj)	kuuromykkä	[ku:ro·mykkæ]

louco, insano (adj)	mielenvikainen	[mielen·uikajnen]
louco (m)	hullu	[hullu]
louca (f)	hullu	[hullu]
ficar louco	tulla hulluksi	[tulla hulluksi]

gene (m)	geeni	[ge:ni]
imunidade (f)	immuniteetti	[immunite:tti]
hereditário (adj)	perintö-	[perintø]
congênito (adj)	synnynnäinen	[synnynnæjnen]

vírus (m)	virus	[uirus]
micróbio (m)	mikrobi	[mikrobi]
bactéria (f)	bakteeri	[bakte:ri]
infecção (f)	infektio, tartunta	[infektio], [tartunta]

50. Sintomas. Tratamentos. Parte 3

| hospital (m) | sairaala | [sajra:la] |
| paciente (m) | potilas | [potilas] |

diagnóstico (m)	diagnoosi	[diagno:si]
cura (f)	lääkintä	[læ:kintæ]
tratamento (m) médico	hoito	[hojto]
curar-se (vr)	saada hoitoa	[sa:da hojtoa]
tratar (vt)	hoitaa	[hojta:]
cuidar (pessoa)	hoitaa	[hojta:]
cuidado (m)	hoito	[hojto]

operação (f)	leikkaus	[lejkkaus]
enfaixar (vt)	sitoa	[sitoa]
enfaixamento (m)	sidonta	[sidonta]

vacinação (f)	rokotus	[rokotus]
vacinar (vt)	rokottaa	[rokotta:]
injeção (f)	injektio	[injektio]
dar uma injeção	tehdä pisto	[tehdæ pisto]

ataque (~ de asma, etc.)	kohtaus	[kohtaus]
amputação (f)	amputaatio	[amputa:tio]
amputar (vt)	amputoida	[amputojda]
coma (f)	kooma	[ko:ma]
estar em coma	olla koomassa	[olla ko:massa]
reanimação (f)	teho-osasto	[teho·osasto]

recuperar-se (vr)	parantua	[parantua]
estado (~ de saúde)	terveydentila	[terueyden·tila]
consciência (perder a ~)	tajunta	[tajunta]
memória (f)	muisti	[mujsti]
tirar (vt)	poistaa	[pojsta:]

| obturação (f) | paikka | [pɑjkkɑ] |
| obturar (vt) | paikata | [pɑjkɑtɑ] |

| hipnose (f) | hypnoosi | [hypno:si] |
| hipnotizar (vt) | hypnotisoida | [hypnotisojdɑ] |

51. Médicos

médico (m)	lääkäri	[læ:kæri]
enfermeira (f)	sairaanhoitaja	[sɑjrɑ:nˑhojtɑjɑ]
médico (m) pessoal	omalääkäri	[omɑˑlæ:kæri]

dentista (m)	hammaslääkäri	[hɑmmɑsˑlæ:kæri]
oculista (m)	silmälääkäri	[silmæˑlæ:kæri]
terapeuta (m)	sisätautilääkäri	[sisætɑutiˑlæ:kæri]
cirurgião (m)	kirurgi	[kirurgi]

psiquiatra (m)	psykiatri	[psykiɑtri]
pediatra (m)	lastenlääkäri	[lɑstenˑlæ:kæri]
psicólogo (m)	psykologi	[psykologi]
ginecologista (m)	naistentautilääkäri	[nɑjstentɑutiˑlæ:kæri]
cardiologista (m)	kardiologi	[kɑrdiologi]

52. Medicina. Drogas. Acessórios

medicamento (m)	lääke	[læ:ke]
remédio (m)	lääke	[læ:ke]
receitar (vt)	määrätä	[mæ:rætæ]
receita (f)	resepti	[resepti]

comprimido (m)	tabletti	[tɑbletti]
unguento (m)	voide	[ʋojde]
ampola (f)	ampulli	[ɑmpulli]
solução, preparado (m)	liuos	[liuos]
xarope (m)	siirappi	[si:rɑppi]
cápsula (f)	pilleri	[pilleri]
pó (m)	jauhe	[jɑuɦe]

atadura (f)	side	[side]
algodão (m)	vanu	[ʋɑnu]
iodo (m)	jodi	[jodi]

curativo (m) adesivo	laastari	[lɑ:stɑri]
conta-gotas (m)	pipetti	[pipetti]
termômetro (m)	kuumemittari	[ku:meˑmittɑri]
seringa (f)	ruisku	[rujsku]

| cadeira (f) de rodas | pyörätuoli | [pyøræˑtuoli] |
| muletas (f pl) | kainalosauvat | [kɑjnɑloˑsɑuʋɑt] |

| analgésico (m) | puudutusaine | [pu:dutusˑɑjne] |
| laxante (m) | ulostuslääke | [ulostusˑlæ:ke] |

álcool (m)	**sprii**	[spri:]
ervas (f pl) medicinais	**lääkeyrtti**	[læ:ke·yrtti]
de ervas (chá ~)	**yrtti-**	[yrtti]

HABITAT HUMANO

Cidade

53. Cidade. Vida na cidade

cidade (f)	kaupunki	[kaupuŋki]
capital (f)	pääkaupunki	[pæ:kaupuŋki]
aldeia (f)	kylä	[kylæ]
mapa (m) da cidade	asemakaava	[asema·ka:υa]
centro (m) da cidade	keskusta	[keskusta]
subúrbio (m)	esikaupunki	[esikaupuŋki]
suburbano (adj)	esikaupunki-	[esikaupuŋki]
periferia (f)	laitakaupunginosa	[lajta·kaupunginosa]
arredores (m pl)	ympäristö	[ympæristø]
quarteirão (m)	kortteli	[kortteli]
quarteirão (m) residencial	asuinkortteli	[asujŋ·kortteli]
tráfego (m)	liikenne	[li:kenne]
semáforo (m)	liikennevalot	[li:kenne·υalot]
transporte (m) público	julkiset kulkuvälineet	[julkiset kulkuυæline:t]
cruzamento (m)	risteys	[risteys]
faixa (f)	suojatie	[suojatæ]
túnel (m) subterrâneo	alikäytävä	[ali·kæytæυæ]
cruzar, atravessar (vt)	ylittää	[ylittæ:]
pedestre (m)	jalankulkija	[jalaŋkulkija]
calçada (f)	jalkakäytävä	[jalka·kæytæυæ]
ponte (f)	silta	[silta]
margem (f) do rio	rantakatu	[ranta·katu]
fonte (f)	suihkulähde	[sujhku·læhde]
alameda (f)	lehtikuja	[lehti·kuja]
parque (m)	puisto	[pujsto]
bulevar (m)	bulevardi	[buleυardi]
praça (f)	aukio	[aukio]
avenida (f)	valtakatu	[υalta·katu]
rua (f)	katu	[katu]
travessa (f)	kuja	[kuja]
beco (m) sem saída	umpikuja	[umpikuja]
casa (f)	talo	[talo]
edifício, prédio (m)	rakennus	[rakennus]
arranha-céu (m)	pilvenpiirtäjä	[pilυen·pi:rtæjæ]
fachada (f)	julkisivu	[julki·siυu]
telhado (m)	katto	[katto]

janela (f)	ikkuna	[ikkuna]
arco (m)	kaari	[kɑːri]
coluna (f)	pylväs	[pyluæs]
esquina (f)	kulma	[kulma]

vitrine (f)	näyteikkuna	[næyte·ikkuna]
letreiro (m)	kauppakyltti	[kauppa·kyltti]
cartaz (do filme, etc.)	juliste	[juliste]
cartaz (m) publicitário	mainosjuliste	[majnos·juliste]
painel (m) publicitário	mainoskilpi	[majnos·kilpi]

lixo (m)	jäte	[jæte]
lata (f) de lixo	roskis	[roskis]
jogar lixo na rua	roskata	[roskata]
aterro (m) sanitário	kaatopaikka	[kɑːto·pajkka]

orelhão (m)	puhelinkoppi	[puɦeliŋ·koppi]
poste (m) de luz	lyhtypylväs	[lyhty·pyluæs]
banco (m)	penkki	[peŋkki]

polícia (m)	poliisi	[poliːsi]
polícia (instituição)	poliisi	[poliːsi]
mendigo, pedinte (m)	kerjäläinen	[kerjælæjnen]
desabrigado (m)	koditon	[koditon]

54. Instituições urbanas

loja (f)	kauppa	[kauppa]
drogaria (f)	apteekki	[apteːkki]
ótica (f)	optiikka	[optiːkka]
centro (m) comercial	kauppakeskus	[kauppa·keskus]
supermercado (m)	supermarketti	[super·marketti]

padaria (f)	leipäkauppa	[lejpæ·kauppa]
padeiro (m)	leipuri	[lejpuri]
pastelaria (f)	konditoria	[konditoria]
mercearia (f)	sekatavarakauppa	[sekatauara·kauppa]
açougue (m)	lihakauppa	[liɦa·kauppa]

| fruteira (f) | vihanneskauppa | [uiɦannes·kauppa] |
| mercado (m) | kauppatori | [kauppa·tori] |

cafeteria (f)	kahvila	[kahuila]
restaurante (m)	ravintola	[rauintola]
bar (m)	pubi	[pubi]
pizzaria (f)	pizzeria	[pitseria]

salão (m) de cabeleireiro	parturinliike	[parturin·liːke]
agência (f) dos correios	posti	[posti]
lavanderia (f)	kemiallinen pesu	[kemiallinen pesu]
estúdio (m) fotográfico	valokuvastudio	[ualokuua·studio]

| sapataria (f) | kenkäkauppa | [keŋkæ·kauppa] |
| livraria (f) | kirjakauppa | [kirja·kauppa] |

loja (f) de artigos esportivos	urheilukauppa	[urhejlu·kauppa]
costureira (m)	vaatteiden korjaus	[ʋɑ:ttejden korjɑus]
aluguel (m) de roupa	vaate vuokralle	[ʋɑ:te ʋuokralle]
videolocadora (f)	elokuvien vuokra	[elokuʋien ʋuokrɑ]

circo (m)	sirkus	[sirkus]
jardim (m) zoológico	eläintarha	[elæjn·tarha]
cinema (m)	elokuvateatteri	[elokuʋɑ·teatteri]
museu (m)	museo	[museo]
biblioteca (f)	kirjasto	[kirjɑsto]

teatro (m)	teatteri	[teatteri]
ópera (f)	ooppera	[o:ppera]
boate (casa noturna)	yökerho	[yø·kerho]
cassino (m)	kasino	[kɑsino]

mesquita (f)	moskeija	[moskejɑ]
sinagoga (f)	synagoga	[synɑgogɑ]
catedral (f)	tuomiokirkko	[tuomio·kirkko]
templo (m)	temppeli	[temppeli]
igreja (f)	kirkko	[kirkko]

faculdade (f)	instituutti	[institu:tti]
universidade (f)	yliopisto	[yli·opisto]
escola (f)	koulu	[koulu]

prefeitura (f)	prefektuuri	[prefektu:ri]
câmara (f) municipal	kaupunginhallitus	[kaupuŋin·hallitus]
hotel (m)	hotelli	[hotelli]
banco (m)	pankki	[paŋkki]

embaixada (f)	suurlähetystö	[su:r·læɦetystø]
agência (f) de viagens	matkatoimisto	[matka·tojmisto]
agência (f) de informações	neuvontatoimisto	[neuʋonta·tojmisto]
casa (f) de câmbio	valuutanvaihtotoimisto	[ʋalu:tan·ʋajhto·tojmisto]

metrô (m)	metro	[metro]
hospital (m)	sairaala	[sɑjrɑ:lɑ]

posto (m) de gasolina	bensiiniasema	[bensi:ni·ɑsemɑ]
parque (m) de estacionamento	parkkipaikka	[parkki·pajkkɑ]

55. Sinais

letreiro (m)	kauppakyltti	[kauppa·kyltti]
aviso (m)	kyltti	[kyltti]
cartaz, pôster (m)	juliste, plakaatti	[juliste], [plaka:tti]
placa (f) de direção	osoitin	[osojtin]
seta (f)	nuoli	[nuoli]

aviso (advertência)	varoitus	[ʋarojtus]
sinal (m) de aviso	varoitus	[ʋarojtus]
avisar, advertir (vt)	varoittaa	[ʋarojtta:]
dia (m) de folga	vapaapäivä	[ʋapa:pæjʋæ]

horário (~ dos trens, etc.)	aikataulu	[ajka·taulu]
horário (m)	aukioloaika	[aukiolo·ajka]
BEM-VINDOS!	TERVETULOA!	[teruetuloa]
ENTRADA	SISÄÄN	[sisæ:n]
SAÍDA	ULOS	[ulos]
EMPURRE	TYÖNNÄ	[tyønnæ]
PUXE	VEDÄ	[uedæ]
ABERTO	AUKI	[auki]
FECHADO	KIINNI	[ki:nni]
MULHER	NAISET	[najset]
HOMEM	MIEHET	[miehet]
DESCONTOS	ALE	[ale]
SALDOS, PROMOÇÃO	ALENNUSMYYNTI	[alennus·my:nti]
NOVIDADE!	UUTUUS!	[u:tu:s]
GRÁTIS	ILMAISEKSI	[ilmajseksi]
ATENÇÃO!	HUOMIO!	[huomio]
NÃO HÁ VAGAS	EI OLE TILAA	[ej ole tila:]
RESERVADO	VARATTU	[uarattu]
ADMINISTRAÇÃO	HALLINTO	[hallinto]
SOMENTE PESSOAL AUTORIZADO	VAIN HENKILÖKUNNALLE	[uajn heŋkilø·kunnalle]
CUIDADO CÃO FEROZ	VARO KOIRAA!	[uaro kojra:]
PROIBIDO FUMAR!	TUPAKOINTI KIELLETTY	[tupakojnti kielletty]
NÃO TOCAR	EI SAA KOSKEA!	[ej sa: koskea]
PERIGOSO	VAARA	[ua:ra]
PERIGO	HENGENVAARA	[heŋenua:ra]
ALTA TENSÃO	SUURJÄNNITE	[su:rjænnite]
PROIBIDO NADAR	UIMINEN KIELLETTY	[ujminen kielletty]
COM DEFEITO	EI TOIMI	[ej tojmi]
INFLAMÁVEL	SYTTYVÄ	[syttyuæ]
PROIBIDO	KIELLETTY	[kielletty]
ENTRADA PROIBIDA	LÄPIKULKU KIELLETTY	[læpikulku kielletty]
CUIDADO TINTA FRESCA	ON MAALATTU	[on ma:lattu]

56. Transportes urbanos

ônibus (m)	bussi	[bussi]
bonde (m) elétrico	raitiovaunu	[rajtio·uaunu]
trólebus (m)	johdinauto	[johdin·auto]
rota (f), itinerário (m)	reitti	[rejtti]
número (m)	numero	[numero]
ir de ... (carro, etc.)	mennä ...	[mennæ]
entrar no ...	nousta	[nousta]
descer do ...	astua ulos	[astua ulos]

parada (f)	pysäkki	[pysækki]
próxima parada (f)	seuraava pysäkki	[seura:ʋa pysækki]
terminal (m)	pääteasema	[pæ:teasema]
horário (m)	aikataulu	[ajka·taulu]
esperar (vt)	odottaa	[odotta:]

| passagem (f) | lippu | [lippu] |
| tarifa (f) | kyytimaksu | [ky:ti·maksu] |

bilheteiro (m)	kassanhoitaja	[kassan·hojtaja]
controle (m) de passagens	tarkastus	[tarkastus]
revisor (m)	tarkastaja	[tarkastaja]

atrasar-se (vr)	myöhästyä	[myøhæstyæ]
perder (o autocarro, etc.)	myöhästyä	[myøhæstyæ]
estar com pressa	olla kiire	[olla ki:re]

táxi (m)	taksi	[taksi]
taxista (m)	taksinkuljettaja	[taksiŋ·kuljettaja]
de táxi (ir ~)	taksilla	[taksilla]
ponto (m) de táxis	taksiasema	[taksi·asema]
chamar um táxi	tilata taksi	[tilata taksi]
pegar um táxi	ottaa taksi	[otta: taksi]

tráfego (m)	liikenne	[li:kenne]
engarrafamento (m)	ruuhka	[ru:hka]
horas (f pl) de pico	ruuhka-aika	[ru:hka·ajka]
estacionar (vi)	pysäköidä	[pysækøjdæ]
estacionar (vt)	pysäköidä	[pysækøjdæ]
parque (m) de estacionamento	parkkipaikka	[parkki·pajkka]

metrô (m)	metro	[metro]
estação (f)	asema	[asema]
ir de metrô	mennä metrolla	[mennæ metrollla]
trem (m)	juna	[juna]
estação (f) de trem	rautatieasema	[rautatie·asema]

57. Turismo

monumento (m)	patsas	[patsas]
fortaleza (f)	linna	[linna]
palácio (m)	palatsi	[palatsi]
castelo (m)	linna	[linna]
torre (f)	torni	[torni]
mausoléu (m)	mausoleumi	[mausoleumi]

arquitetura (f)	arkkitehtuuri	[arkkitehtu:ri]
medieval (adj)	keskiaikainen	[keskiajkajnen]
antigo (adj)	vanha	[ʋanha]
nacional (adj)	kansallinen	[kansallinen]
famoso, conhecido (adj)	tunnettu	[tunnettu]

| turista (m) | matkailija | [matkajlija] |
| guia (pessoa) | opas | [opas] |

excursão (f)	ekskursio, retki	[ekskursio], [retki]
mostrar (vt)	näyttää	[næyttæ:]
contar (vt)	kertoa	[kertoa]

encontrar (vt)	löytää	[løytæ:]
perder-se (vr)	hävitä	[hæʋitæ]
mapa (~ do metrô)	reittikartta	[rejtti·kartta]
mapa (~ da cidade)	asemakaava	[asema·ka:ʋa]

lembrança (f), presente (m)	matkamuisto	[matka·mujsto]
loja (f) de presentes	matkamuistokauppa	[matka·mujsto·kauppa]
tirar fotos, fotografar	valokuvata	[ʋalokuʋata]
fotografar-se (vr)	valokuvauttaa itsensä	[ʋalokuʋautta: itsensæ]

58. Compras

comprar (vt)	ostaa	[osta:]
compra (f)	ostos	[ostos]
fazer compras	käydä ostoksilla	[kæydæ ostoksilla]
compras (f pl)	shoppailu	[ʃoppajlu]

| estar aberta (loja) | toimia | [tojmia] |
| estar fechada | olla kiinni | [olla ki:nni] |

calçado (m)	jalkineet	[jalkine:t]
roupa (f)	vaatteet	[ʋa:tte:t]
cosméticos (m pl)	kosmetiikka	[kosmeti:kka]
alimentos (m pl)	ruokatavarat	[ruoka·taʋarat]
presente (m)	lahja	[lahja]

| vendedor (m) | myyjä | [my:jæ] |
| vendedora (f) | myyjätär | [my:jætær] |

caixa (f)	kassa	[kassa]
espelho (m)	peili	[pejli]
balcão (m)	tiski	[tiski]
provador (m)	sovitushuone	[soʋitus·huone]

provar (vt)	sovittaa	[soʋitta:]
servir (roupa, caber)	sopia	[sopia]
gostar (apreciar)	pitää, tykätä	[pitæ:], [tykætæ]

preço (m)	hinta	[hinta]
etiqueta (f) de preço	hintalappu	[hinta·lappu]
custar (vt)	maksaa	[maksa:]
Quanto?	Kuinka paljon?	[kujŋka paljon]
desconto (m)	alennus	[alennus]

não caro (adj)	halpa	[halpa]
barato (adj)	halpa	[halpa]
caro (adj)	kallis	[kallis]
É caro	Se on kallista	[se on kallista]
aluguel (m)	vuokra	[ʋuokra]
alugar (roupas, etc.)	vuokrata	[ʋuokrata]

| crédito (m) | luotto | [luotto] |
| a crédito | luotolla | [luotolla] |

59. Dinheiro

dinheiro (m)	raha, rahat	[raha], [rahat]
câmbio (m)	valuutanvaihto	[ʋalu:tan·ʋajhto]
taxa (f) de câmbio	kurssi	[kurssi]
caixa (m) eletrônico	pankkiautomaatti	[paŋkki·automa:tti]
moeda (f)	kolikko	[kolikko]

| dólar (m) | dollari | [dollari] |
| euro (m) | euro | [euro] |

lira (f)	liira	[li:ra]
marco (m)	markka	[markka]
franco (m)	frangi	[fraŋi]
libra (f) esterlina	punta	[punta]
iene (m)	jeni	[jeni]

dívida (f)	velka	[ʋelka]
devedor (m)	velallinen	[ʋelallinen]
emprestar (vt)	lainata jollekulle	[lajnata jolekulle]
pedir emprestado	lainata joltakulta	[lajnata joltakulta]

banco (m)	pankki	[paŋkki]
conta (f)	tili	[tili]
depositar (vt)	tallettaa	[talletta:]
depositar na conta	tallettaa rahaa tilille	[talletta: raha: tilille]
sacar (vt)	nostaa rahaa tililtä	[nosta: raha: tililta]

cartão (m) de crédito	luottokortti	[luotto·kortti]
dinheiro (m) vivo	käteinen	[kætejnen]
cheque (m)	sekki	[sekki]
passar um cheque	kirjoittaa shekki	[kirjoitta: ʃekki]
talão (m) de cheques	sekkivihko	[sekki·ʋihko]

carteira (f)	lompakko	[lompakko]
niqueleira (f)	kukkaro	[kukkaro]
cofre (m)	kassakaappi	[kassa·ka:ppi]

herdeiro (m)	perillinen	[perillinen]
herança (f)	perintö	[perintø]
fortuna (riqueza)	varallisuus	[ʋarallisu:s]

arrendamento (m)	vuokraus	[ʋuokraus]
aluguel (pagar o ~)	asuntovuokra	[asunto·ʋuokra]
alugar (vt)	vuokrata	[ʋuokrata]

preço (m)	hinta	[hinta]
custo (m)	hinta	[hinta]
soma (f)	summa	[summa]
gastar (vt)	kuluttaa	[kulutta:]
gastos (m pl)	kulut	[kulut]

economizar (vi)	säästäväisesti	[sæːstæʋæjsesti]
econômico (adj)	säästäväinen	[sæːstæʋæjnen]
pagar (vt)	maksaa	[maksɑː]
pagamento (m)	maksu	[maksu]
troco (m)	vaihtoraha	[ʋɑjhtoˑrɑɦɑ]
imposto (m)	vero	[ʋero]
multa (f)	sakko	[sakko]
multar (vt)	sakottaa	[sakottɑː]

60. Correios. Serviço postal

agência (f) dos correios	posti	[posti]
correio (m)	posti	[posti]
carteiro (m)	postinkantaja	[postiŋˑkantɑjɑ]
horário (m)	virka-aika	[ʋirkɑˑɑjkɑ]
carta (f)	kirje	[kirje]
carta (f) registada	kirjattu kirje	[kirjɑttu kirje]
cartão (m) postal	postikortti	[postiˑkortti]
telegrama (m)	sähke	[sæhke]
encomenda (f)	paketti	[paketti]
transferência (f) de dinheiro	rahalähetys	[rɑɦɑˑlæɦetys]
receber (vt)	vastaanottaa	[ʋɑstɑːnottɑː]
enviar (vt)	lähettää	[læɦettæː]
envio (m)	lähettäminen	[læɦettæminen]
endereço (m)	osoite	[osojte]
código (m) postal	postinumero	[postiˑnumero]
remetente (m)	lähettäjä	[læɦettæjæ]
destinatário (m)	saaja, vastaanottaja	[sɑːjɑ], [ʋɑstɑːnottɑjɑ]
nome (m)	nimi	[nimi]
sobrenome (m)	sukunimi	[sukuˑnimi]
tarifa (f)	hinta, tariffi	[hintɑ], [tɑriffi]
ordinário (adj)	tavallinen	[tɑʋɑllinen]
econômico (adj)	edullinen	[edullinen]
peso (m)	paino	[pɑjno]
pesar (estabelecer o peso)	punnita	[punnitɑ]
envelope (m)	kirjekuori	[kirjeˑkuori]
selo (m) postal	postimerkki	[postiˑmerkki]
colar o selo	liimata postimerkki	[liːmɑtɑ postiˑmerkki]

Moradia. Casa. Lar

61. Casa. Eletricidade

eletricidade (f)	sähkö	[sæhkø]
lâmpada (f)	lamppu	[lamppu]
interruptor (m)	kytkin	[kytkin]
fusível, disjuntor (m)	sulake	[sulake]
fio, cabo (m)	johto, johdin	[johto], [johdin]
instalação (f) elétrica	johdotus	[johdotus]
medidor (m) de eletricidade	sähkömittari	[sæhkø·mittari]
indicação (f), registro (m)	lukema	[lukema]

62. Moradia. Mansão

casa (f) de campo	maatalo	[mɑːtalo]
vila (f)	huvila	[huʋila]
ala (~ do edifício)	siipi	[siːpi]
jardim (m)	puutarha	[puːtarha]
parque (m)	puisto	[pujsto]
estufa (f)	talvipuutarha	[talʋi·puːtarha]
cuidar de ...	hoitaa	[hojtaː]
piscina (f)	uima-allas	[ujma·allas]
academia (f) de ginástica	urheiluhalli	[urhejlu·halli]
quadra (f) de tênis	tenniskenttä	[tennis·kenttæ]
cinema (m)	elokuvateatteri	[elokuʋa·teatteri]
garagem (f)	autotalli	[auto·talli]
propriedade (f) privada	yksityisomaisuus	[yksityjs·omajsuːs]
terreno (m) privado	yksityisomistukset	[yksityjs·omistukset]
advertência (f)	varoitus	[ʋarojtus]
sinal (m) de aviso	varoituskirjoitus	[ʋarojtus·kirjoitus]
guarda (f)	vartio	[ʋartio]
guarda (m)	vartija	[ʋartija]
alarme (m)	hälytyslaite	[hælytys·lajte]

63. Apartamento

apartamento (m)	asunto	[asunto]
quarto, cômodo (m)	huone	[huone]
quarto (m) de dormir	makuuhuone	[makuːhuone]

sala (f) de jantar	ruokailuhuone	[ruokajlu·huone]
sala (f) de estar	vierashuone	[ʋieras·huone]
escritório (m)	työhuone	[tyø·huone]

sala (f) de entrada	eteinen	[etejnen]
banheiro (m)	kylpyhuone	[kylpy·huone]
lavabo (m)	vessa	[ʋessa]

teto (m)	sisäkatto	[sisæ·katto]
chão, piso (m)	lattia	[lattia]
canto (m)	nurkka	[nurkka]

64. Mobiliário. Interior

mobiliário (m)	huonekalut	[huone·kalut]
mesa (f)	pöytä	[pøytæ]
cadeira (f)	tuoli	[tuoli]
cama (f)	sänky	[sæŋky]

sofá, divã (m)	sohva	[sohʋa]
poltrona (f)	nojatuoli	[noja·tuoli]

estante (f)	kaappi	[ka:ppi]
prateleira (f)	hylly	[hylly]

guarda-roupas (m)	vaatekaappi	[ʋa:te·ka:ppi]
cabide (m) de parede	ripustin	[ripustin]
cabideiro (m) de pé	naulakko	[naulakko]

cômoda (f)	lipasto	[lipasto]
mesinha (f) de centro	sohvapöytä	[sohʋa·pøjtæ]

espelho (m)	peili	[pejli]
tapete (m)	matto	[matto]
tapete (m) pequeno	pieni matto	[pjeni matto]

lareira (f)	takka	[takka]
vela (f)	kynttilä	[kynttilæ]
castiçal (m)	kynttilänjalka	[kynttilæn·jalka]

cortinas (f pl)	kaihtimet	[kajhtimet]
papel (m) de parede	tapetit	[tapetit]
persianas (f pl)	rullaverhot	[rulle·ʋerhot]

luminária (f) de mesa	pöytälamppu	[pøytæ·lamppu]
luminária (f) de parede	seinävalaisin	[sejna·ʋalajsin]

abajur (m) de pé	lattialamppu	[lattia·lamppu]
lustre (m)	kattokruunu	[katto·kru:nu]

pé (de mesa, etc.)	jalka	[jalka]
braço, descanso (m)	käsinoja	[kæsi·noja]
costas (f pl)	selkänoja	[selkænoja]
gaveta (f)	vetolaatikko	[ʋeto·la:tikko]

65. Quarto de dormir

roupa (f) de cama	vuodevaatteet	[ʋuode·ʋaːtteːt]
travesseiro (m)	tyyny	[tyːny]
fronha (f)	tyynyliina	[tyːny·liːna]
cobertor (m)	peitto, täkki	[pejte], [tækki]
lençol (m)	lakana	[lakana]
colcha (f)	peite	[pejte]

66. Cozinha

cozinha (f)	keittiö	[kejttiø]
gás (m)	kaasu	[kaːsu]
fogão (m) a gás	kaasuliesi	[kaːsu·liesi]
fogão (m) elétrico	sähköhella	[sæhkø·hella]
forno (m)	paistinuuni	[pajstin·uːni]
forno (m) de micro-ondas	mikroaaltouuni	[mikro·aːltou·uːni]
geladeira (f)	jääkaappi	[jæːkaːppi]
congelador (m)	pakastin	[pakastin]
máquina (f) de lavar louça	astianpesukone	[astian·pesu·kone]
moedor (m) de carne	lihamylly	[liha·mylly]
espremedor (m)	mehunpuristin	[mehun·puristin]
torradeira (f)	leivänpaahdin	[lejʋæn·paːhdin]
batedeira (f)	sekoitin	[sekojtin]
máquina (f) de café	kahvinkeitin	[kahʋiŋ·kejtin]
cafeteira (f)	kahvipannu	[kahʋi·pannu]
moedor (m) de café	kahvimylly	[kahʋi·mylly]
chaleira (f)	teepannu	[teːpannu]
bule (m)	teekannu	[teːkannu]
tampa (f)	kansi	[kansi]
coador (m) de chá	teesiivilä	[teːsiːʋilæ]
colher (f)	lusikka	[lusikka]
colher (f) de chá	teelusikka	[teːlusikka]
colher (f) de sopa	ruokalusikka	[ruoka·lusikka]
garfo (m)	haarukka	[haːrukka]
faca (f)	veitsi	[ʋejtsi]
louça (f)	astiat	[astiat]
prato (m)	lautanen	[lautanen]
pires (m)	teevati	[teːʋati]
cálice (m)	shotti, snapsilasi	[shotti], [snapsi·lasi]
copo (m)	juomalasi	[juoma·lasi]
xícara (f)	kuppi	[kuppi]
açucareiro (m)	sokeriastia	[sokeri·astia]
saleiro (m)	suola-astia	[suola·astia]
pimenteiro (m)	pippuriastia	[pippuri·astia]

manteigueira (f)	voi astia	[ʋoj astia]
panela (f)	kasari, kattila	[kasari], [kattila]
frigideira (f)	pannu	[pannu]
concha (f)	kauha	[kauha]
coador (m)	lävikkö	[læʋikkø]
bandeja (f)	tarjotin	[tarjotin]

garrafa (f)	pullo	[pullo]
pote (m) de vidro	lasitölkki	[lasi·tølkki]
lata (~ de cerveja)	purkki	[purkki]

abridor (m) de garrafa	pullonavaaja	[pullon·aʋa:ja]
abridor (m) de latas	purkinavaaja	[purkin·aʋa:ja]
saca-rolhas (m)	korkkiruuvi	[korkki·ru:ʋi]
filtro (m)	suodatin	[suodatin]
filtrar (vt)	suodattaa	[suodatta:]

lixo (m)	roska, jäte	[roska], [jæte]
lixeira (f)	roskasanko	[roska·saŋko]

67. Casa de banho

banheiro (m)	kylpyhuone	[kylpy·huone]
água (f)	vesi	[ʋesi]
torneira (f)	hana	[hana]
água (f) quente	kuuma vesi	[ku:ma ʋesi]
água (f) fria	kylmä vesi	[kylmæ ʋesi]

pasta (f) de dente	hammastahna	[hammas·tahna]
escovar os dentes	harjata hampaita	[harjata hampajta]
escova (f) de dente	hammasharja	[hammas·harja]

barbear-se (vr)	ajaa parta	[aja: parta]
espuma (f) de barbear	partavaahto	[parta·ʋa:hto]
gilete (f)	partahöylä	[parta·høylæ]

lavar (vt)	pestä	[pestæ]
tomar banho	peseytyä	[peseytyæ]
chuveiro (m), ducha (f)	suihku	[sujhku]
tomar uma ducha	käydä suihkussa	[kæydæ suihkussa]

banheira (f)	amme, kylpyamme	[amme], [kylpyamme]
vaso (m) sanitário	vessanpönttö	[ʋessan·pønttø]
pia (f)	pesuallas	[pesu·allas]

sabonete (m)	saippua	[sajppua]
saboneteira (f)	saippuakotelo	[sajppua·kotelo]

esponja (f)	pesusieni	[pesu·sieni]
xampu (m)	sampoo	[sampo:]
toalha (f)	pyyhe	[py:he]
roupão (m) de banho	kylpytakki	[kylpy·takki]
lavagem (f)	pyykkäys	[py:kkæys]
lavadora (f) de roupas	pesukone	[pesu·kone]

lavar a roupa	pestä pyykkiä	[pestæ py:kkiæ]
detergente (m)	pesujauhe	[pesu·jauhe]

68. Eletrodomésticos

televisor (m)	televisio	[televisio]
gravador (m)	nauhuri	[nauhuri]
videogravador (m)	videonauhuri	[video·nauhuri]
rádio (m)	vastaanotin	[vasta:notin]
leitor (m)	soitin	[sojtin]

projetor (m)	projektori	[projektori]
cinema (m) em casa	kotiteatteri	[koti·teatteri]
DVD Player (m)	DVD-soitin	[devede·sojtin]
amplificador (m)	vahvistin	[vahuistin]
console (f) de jogos	pelikonsoli	[peli·konsoli]

câmera (f) de vídeo	videokamera	[video·kamera]
máquina (f) fotográfica	kamera	[kamera]
câmera (f) digital	digitaalikamera	[digita:li·kamera]

aspirador (m)	pölynimuri	[pølyn·imuri]
ferro (m) de passar	silitysrauta	[silitys·rauta]
tábua (f) de passar	silityslauta	[silitys·lauta]

telefone (m)	puhelin	[puhelin]
celular (m)	matkapuhelin	[matka·puhelin]
máquina (f) de escrever	kirjoituskone	[kirjoitus·kone]
máquina (f) de costura	ompelukone	[ompelu·kone]

microfone (m)	mikrofoni	[mikrofoni]
fone (m) de ouvido	kuulokkeet	[ku:lokke:t]
controle remoto (m)	kaukosäädin	[kauko·sæ:din]

CD (m)	CD-levy	[sede·levy]
fita (f) cassete	kasetti	[kasetti]
disco (m) de vinil	levy, vinyylilevy	[levy], [viny:li·levy]

ATIVIDADES HUMANAS

Emprego. Negócios. Parte 1

69. Escritório. O trabalho no escritório

escritório (~ de advogados)	toimisto	[tojmisto]
escritório (do diretor, etc.)	työhuone	[tyø·huone]
recepção (f)	vastaanotto	[vasta:notto]
secretário (m)	sihteeri	[sihte:ri]
diretor (m)	johtaja	[johtaja]
gerente (m)	manageri	[manageri]
contador (m)	kirjanpitäjä	[kirjan·pitæjæ]
empregado (m)	työntekijä	[tyøn·tekijæ]
mobiliário (m)	huonekalut	[huone·kalut]
mesa (f)	pöytä	[pøytæ]
cadeira (f)	nojatuoli	[noja·tuoli]
gaveteiro (m)	laatikosto	[la:tikosto]
cabideiro (m) de pé	naulakko	[naulakko]
computador (m)	tietokone	[tieto·kone]
impressora (f)	tulostin	[tulostin]
fax (m)	faksi	[faksi]
fotocopiadora (f)	kopiokone	[kopio·kone]
papel (m)	paperi	[paperi]
artigos (m pl) de escritório	toimistotarvikkeet	[tojmisto·tarvikke:t]
tapete (m) para mouse	hiirimatto	[hi:ri·matto]
folha (f)	arkki	[arkki]
pasta (f)	kansio	[kansio]
catálogo (m)	luettelo	[luettelo]
lista (f) telefônica	puhelinluettelo	[puĥelin·luettelo]
documentação (f)	asiakirjat	[asia·kirjat]
brochura (f)	brosyyri	[brosy:ri]
panfleto (m)	lehtinen	[lehtinen]
amostra (f)	malli, näyte	[malli], [næyte]
formação (f)	harjoittelu	[harjoittelu]
reunião (f)	kokous	[kokous]
hora (f) de almoço	ruokatunti	[ruoka·tunti]
fazer uma cópia	ottaa kopio	[otta: kopio]
tirar cópias	monistaa, kopioida	[monista:], [kopiojda]
receber um fax	saada faksi	[sa:da faksi]
enviar um fax	lähettää faksilla	[læĥettæ: faksilla]
fazer uma chamada	soittaa	[sojtta:]

| responder (vt) | vastata | [ʋastata] |
| passar (vt) | yhdistää puhelu | [yhdistæ: puhelu] |

marcar (vt)	järjestää	[jærjestæ:]
demonstrar (vt)	esittää	[esittæ:]
estar ausente	olla poissa	[olla pojssa]
ausência (f)	poissaolo	[pojssaolo]

70. Processos negociais. Parte 1

negócio (m)	liiketoiminta	[li:ketojminta]
ocupação (f)	työ	[tyø]
firma, empresa (f)	yritys, firma	[yritys], [firma]
companhia (f)	yhtiö	[yhtiø]
corporação (f)	korporaatio	[korpora:tio]
empresa (f)	yritys	[yritys]
agência (f)	toimisto	[tojmisto]

acordo (documento)	sopimus	[sopimus]
contrato (m)	sopimus	[sopimus]
acordo (transação)	kauppa	[kauppa]
pedido (m)	tilaus	[tilaus]
termos (m pl)	ehto	[ehto]

por atacado	tukussa	[tukussa]
por atacado (adj)	tukku-	[tukku]
venda (f) por atacado	tukkumyynti	[tukku·my:nti]
a varejo	vähittäis-	[ʋæhittæjs]
venda (f) a varejo	vähittäismyynti	[ʋæhittæjs·my:nti]

concorrente (m)	kilpailija	[kilpajlija]
concorrência (f)	kilpailu	[kilpajlu]
competir (vi)	kilpailla	[kilpajlla]

| sócio (m) | partneri | [partneri] |
| parceria (f) | kumppanuus | [kumppanu:s] |

crise (f)	kriisi	[kri:si]
falência (f)	vararikko	[ʋara·rikko]
entrar em falência	tehdä vararikko	[tehdæ ʋararikko]
dificuldade (f)	vaikeus	[ʋajkeus]
problema (m)	ongelma	[oŋelma]
catástrofe (f)	katastrofi	[katastrofi]

economia (f)	taloustiede	[talous·tiede]
econômico (adj)	taloudellinen	[taloudellinen]
recessão (f) econômica	taantuma	[ta:ntuma]

| objetivo (m) | päämäärä | [pæ:mæ:ræ] |
| tarefa (f) | tehtävä | [tehtæʋæ] |

comerciar (vi, vt)	käydä kauppaa	[kæydæ kauppa:]
rede (de distribuição)	verkko	[ʋerkko]
estoque (m)	varasto	[ʋarasto]

sortimento (m)	valikoima	[ʋali·kojma]
líder (m)	johtaja	[johtaja]
grande (~ empresa)	suuri	[su:ri]
monopólio (m)	monopoli	[monopoli]

teoria (f)	teoria	[teoria]
prática (f)	harjoittelu	[harjoittelu]
experiência (f)	kokemus	[kokemus]
tendência (f)	tendenssi	[tendenssi]
desenvolvimento (m)	kehitys	[kehitys]

71. Processos negociais. Parte 2

rentabilidade (f)	etu	[etu]
rentável (adj)	kannattava	[kannattaʋa]

delegação (f)	valtuuskunta	[ʋaltu:s·kunta]
salário, ordenado (m)	palkka	[palkka]
corrigir (~ um erro)	korjata	[korjata]
viagem (f) de negócios	työmatka	[tyø·matka]
comissão (f)	provisio	[proʋisio]

controlar (vt)	tarkastaa	[tarkasta:]
conferência (f)	konferenssi	[konferenssi]
licença (f)	lisenssi	[lisenssi]
confiável (adj)	luotettava	[luotettaʋa]

empreendimento (m)	aloite	[alojte]
norma (f)	normi	[normi]
circunstância (f)	seikka	[sejkka]
dever (do empregado)	velvollisuus	[ʋelʋollisu:s]

empresa (f)	järjestö	[jærjestø]
organização (f)	järjestely	[jærjestely]
organizado (adj)	järjestynyt	[jærjestynyt]
anulação (f)	peruutus	[peru:tus]
anular, cancelar (vt)	peruuttaa	[peru:tta:]
relatório (m)	raportti	[raportti]

patente (f)	patentti	[patentti]
patentear (vt)	patentoida	[patentojda]
planejar (vt)	suunnitella	[su:nnitella]

bônus (m)	bonus	[bonus]
profissional (adj)	ammatti-	[amatti]
procedimento (m)	menettely	[menettely]

examinar (~ a questão)	tarkastella	[tarkastella]
cálculo (m)	laskelma	[laskelma]
reputação (f)	maine	[majne]
risco (m)	riski	[riski]

dirigir (~ uma empresa)	johtaa	[johta:]
informação (f)	tiedot	[tiedot]

propriedade (f)	**omaisuus**	[omɑjsu:s]
união (f)	**liitto**	[li:tto]

seguro (m) de vida	**hengen vakuutus**	[heŋen ʋɑku:tus]
fazer um seguro	**vakuuttaa**	[ʋɑku:ttɑ:]
seguro (m)	**vakuutus**	[ʋɑku:tus]

leilão (m)	**huutokauppa**	[hu:to·kɑuppɑ]
notificar (vt)	**tiedottaa**	[tiedottɑ:]
gestão (f)	**johtaminen**	[johtɑminen]
serviço (indústria de ~s)	**palvelus**	[pɑlʋelus]

fórum (m)	**foorumi**	[fo:rumi]
funcionar (vi)	**toimia**	[tojmiɑ]
estágio (m)	**vaihe**	[ʋɑjhe]
jurídico, legal (adj)	**oikeustieteellinen**	[ojkeus·tiete:llinen]
advogado (m)	**lakimies**	[lɑkimies]

72. Produção. Trabalhos

usina (f)	**tehdas**	[tehdɑs]
fábrica (f)	**tehdas**	[tehdɑs]
oficina (f)	**työpaja**	[tyøpɑjɑ]
local (m) de produção	**tehdas**	[tehdɑs]

indústria (f)	**teollisuus**	[teollisu:s]
industrial (adj)	**teollinen**	[teollinen]
indústria (f) pesada	**raskas teollisuus**	[rɑskɑs teollisu:s]
indústria (f) ligeira	**kevyt teollisuus**	[keʋyt teollisu:s]

produção (f)	**tuotanto**	[tuotɑnto]
produzir (vt)	**tuottaa**	[tuottɑ:]
matérias-primas (f pl)	**raaka-aine**	[rɑ:kɑ·ɑjne]

chefe (m) de obras	**työnjohtaja**	[tyøn·johtɑjɑ]
equipe (f)	**työprikaati**	[tyø·prikɑ:ti]
operário (m)	**työläinen**	[tyølæjnen]

dia (m) de trabalho	**työpäivä**	[tyø·pæjʋæ]
intervalo (m)	**seisaus**	[seisɑus]
reunião (f)	**kokous**	[kokous]
discutir (vt)	**käsitellä**	[kæsitellæ]

plano (m)	**suunnitelma**	[su:nnitelmɑ]
cumprir o plano	**täyttää suunnitelma**	[tæjttæ: su:nnitelmɑ]
taxa (f) de produção	**ulostulonopeus**	ulostulo·nopeus
qualidade (f)	**laatu, kvaliteetti**	[lɑ:tu], [kʋɑlite:tti]
controle (m)	**tarkastus**	[tɑrkɑstus]
controle (m) da qualidade	**laadunvalvonta**	[lɑ:dun·ʋɑlʋontɑ]

segurança (f) no trabalho	**työturvallisuus**	[tyø·turʋɑllisu:s]
disciplina (f)	**kuri**	[kuri]
infração (f)	**rikkomus**	[rikkomus]
violar (as regras)	**rikkoa**	[rikkoɑ]

greve (f)	lakko	[lakko]
grevista (m)	lakkolainen	[lakkolajnen]
estar em greve	lakkoilla	[lakkojlla]
sindicato (m)	ammattiliitto	[ammatti·li:tto]

inventar (vt)	keksiä	[keksiæ]
invenção (f)	keksintö	[keksintø]
pesquisa (f)	tutkimus	[tutkimus]
melhorar (vt)	parantaa	[paranta:]
tecnologia (f)	teknologia	[teknologia]
desenho (m) técnico	piirustus	[pi:rustus]

carga (f)	lasti	[lasti]
carregador (m)	lastaaja	[lasta:ja]
carregar (o caminhão, etc.)	kuormata	[kuormata]
carregamento (m)	kuormaamista	[kuorma:mista]
descarregar (vt)	purkaa lasti	[purka: lasti]
descarga (f)	purkamista	[purkamista]

transporte (m)	kulkuneuvot	[kulku·neuvot]
companhia (f) de transporte	kuljetusyhtiö	[kuljetus·yhtiø]
transportar (vt)	kuljettaa	[kuljetta:]

vagão (m) de carga	tavaravaunu	[tavara·vaunu]
tanque (m)	säiliö	[sæjliø]
caminhão (m)	kuorma-auto	[kuorma·auto]

| máquina (f) operatriz | työstökone | [tyøstø·kone] |
| mecanismo (m) | koneisto | [konejsto] |

resíduos (m pl) industriais	teollisuusjäte	[teollisu:s·jæte]
embalagem (f)	pakkaaminen	[pakka:minen]
embalar (vt)	pakata	[pakata]

73. Contrato. Acordo

contrato (m)	sopimus	[sopimus]
acordo (m)	sopimus	[sopimus]
adendo, anexo (m)	liite	[li:te]

assinar o contrato	tehdä sopimus	[tehdæ sopimus]
assinatura (f)	allekirjoitus	[alle·kirjoitus]
assinar (vt)	allekirjoittaa	[allekirjoitta:]
carimbo (m)	leima	[lejma]

objeto (m) do contrato	sopimuksen kohde	[sopimuksen kohde]
cláusula (f)	klausuuli	[klausu:li]
partes (f pl)	asianosaiset	[asian·osajset]
domicílio (m) legal	juridinen osoite	[juridinen osojte]

violar o contrato	rikkoa sopimus	[rikkoa sopimus]
obrigação (f)	sitoumus	[sitoumus]
responsabilidade (f)	vastuu	[vastu:]
força (f) maior	ylivoimainen este	[ylivojmajnen este]

litígio (m), disputa (f)	kiista, väittely	[ki:sta], [ʋæjttely]
multas (f pl)	sakkosanktiot	[sakko·saŋktiot]

74. Importação & Exportação

importação (f)	tuonti	[tuonti]
importador (m)	maahantuoja	[ma:han·tuoja]
importar (vt)	tuoda maahan	[tuoda ma:han]
de importação	tuonti-	[tuonti]
exportação (f)	vienti	[ʋienti]
exportador (m)	maastaviejä	[ma:staʋiejæ]
exportar (vt)	viedä maasta	[ʋiedæ ma:sta]
de exportação	vienti-	[ʋienti]
mercadoria (f)	tavara	[taʋara]
lote (de mercadorias)	erä	[eræ]
peso (m)	paino	[pajno]
volume (m)	tilavuus	[tilaʋu:s]
metro (m) cúbico	kuutiometri	[ku:tio·metri]
produtor (m)	tuottaja	[tuottaja]
companhia (f) de transporte	liikenneyhtiö	[li:kenne·yhtiø]
contêiner (m)	kontti	[kontti]
fronteira (f)	raja	[raja]
alfândega (f)	tulli	[tulli]
taxa (f) alfandegária	tullimaksu	[tulli·maksu]
funcionário (m) da alfândega	tullimies	[tullimies]
contrabando (atividade)	salakuljetus	[sala·kuljetus]
contrabando (produtos)	salakuljetustavara	[sala·kuljetus·taʋara]

75. Finanças

ação (f)	osake	[osake]
obrigação (f)	obligaatio	[obliga:tio]
nota (f) promissória	vekseli	[ʋekseli]
bolsa (f) de valores	pörssi	[pørssi]
cotação (m) das ações	osakekurssi	[osake·kurssi]
tornar-se mais barato	halventua	[halʋentua]
tornar-se mais caro	kallistua	[kallistua]
parte (f)	osuus	[osu:s]
participação (f) majoritária	osake-enemmistö	[osake·enemmistø]
investimento (m)	investointi	[inʋestojnti]
investir (vt)	investoida	[inʋestojda]
porcentagem (f)	prosentti	[prosentti]
juros (m pl)	korko	[korko]

lucro (m)	voitto	[ʋojtto]
lucrativo (adj)	kannattava	[kannattaʋa]
imposto (m)	vero	[ʋero]
divisa (f)	valuutta	[ʋaluːtta]
nacional (adj)	kansallinen	[kansallinen]
câmbio (m)	vaihto	[ʋajhto]
contador (m)	kirjanpitäjä	[kirjan·pitæjæ]
contabilidade (f)	kirjanpito	[kirjan·pito]
falência (f)	vararikko	[ʋara·rikko]
falência, quebra (f)	romahdus	[romahdus]
ruína (f)	perikato	[perikato]
estar quebrado	joutua perikatoon	[joutua perikato:n]
inflação (f)	inflaatio	[inflaːtio]
desvalorização (f)	devalvaatio	[deʋalʋaːtio]
capital (m)	pääoma	[pæːoma]
rendimento (m)	ansio, tulo	[ansio], [tulo]
volume (m) de negócios	kierto	[kierto]
recursos (m pl)	varat	[ʋarat]
recursos (m pl) financeiros	rahavarat	[raha·ʋarat]
despesas (f pl) gerais	yleiskulut	[ylejskulut]
reduzir (vt)	supistaa	[supistaː]

76. Marketing

marketing (m)	markkinointi	[markkinojnti]
mercado (m)	markkinat	[markkinat]
segmento (m) do mercado	markkinoiden segmentti	[markkinojden segmentti]
produto (m)	tuote	[tuote]
mercadoria (f)	tavara	[taʋara]
marca (f)	brändi	[brændi]
marca (f) registrada	tavaramerkki	[taʋara·merkki]
logotipo (m)	logo, liikemerkki	[logo], [liːke·merkki]
logo (m)	logotyyppi	[logoty:ppi]
demanda (f)	kysyntä	[kysyntæ]
oferta (f)	tarjous	[tarjous]
necessidade (f)	tarve	[tarʋe]
consumidor (m)	kuluttaja	[kuluttaja]
análise (f)	analyysi	[analyːsi]
analisar (vt)	analysoida	[analysojda]
posicionamento (m)	asemointi	[asemojnti]
posicionar (vt)	asemoida	[asemojda]
preço (m)	hinta	[hinta]
política (f) de preços	hintapolitiikka	[hinta·politiːkka]
formação (f) de preços	hinnanmuodostus	[hinnan·muodostus]

77. Publicidade

publicidade (f)	mainos	[majnos]
fazer publicidade	mainostaa	[majnosta:]
orçamento (m)	budjetti	[budjetti]
anúncio (m)	mainos	[majnos]
publicidade (f) na TV	televisiomainos	[teleuisio·majnos]
publicidade (f) na rádio	radiomainos	[radio·majnos]
publicidade (f) exterior	ulkomainos	[ulko·majnos]
comunicação (f) de massa	joukkotiedotusvälineet	[joukko·tiedotus·uæline:t]
periódico (m)	aikakausjulkaisu	[ajkakaus·julkajsu]
imagem (f)	imago	[imago]
slogan (m)	iskulause	[isku·lause]
mote (m), lema (f)	tunnuslause	[tunnus·lause]
campanha (f)	kampanja	[kampanja]
campanha (f) publicitária	mainoskampanja	[majnos·kampanja]
grupo (m) alvo	kohderyhmä	[kohde·ryhmæ]
cartão (m) de visita	nimikortti	[nimi·kortti]
panfleto (m)	lehtinen	[lehtinen]
brochura (f)	brosyyri	[brosy:ri]
folheto (m)	kirjanen	[kirjanen]
boletim (~ informativo)	uutiskirje	[u:tis·kirje]
letreiro (m)	kauppakyltti	[kauppa·kyltti]
cartaz, pôster (m)	juliste, plakaatti	[juliste], [plaka:tti]
painel (m) publicitário	mainoskilpi	[majnos·kilpi]

78. Banca

banco (m)	pankki	[paŋkki]
balcão (f)	osasto	[osasto]
consultor (m) bancário	neuvoja	[neuuoja]
gerente (m)	johtaja	[johtaja]
conta (f)	tili	[tili]
número (m) da conta	tilinumero	[tili·numero]
conta (f) corrente	käyttötili	[kæyttø·tili]
conta (f) poupança	säästötili	[sæ:stø·tili]
abrir uma conta	avata tili	[auata tili]
fechar uma conta	kuolettaa tili	[kuoletta: tili]
depositar na conta	tallettaa rahaa tilille	[talletta: raɦa: tilille]
sacar (vt)	nostaa rahaa tililtä	[nosta: raɦa: tililta]
depósito (m)	talletus	[talletus]
fazer um depósito	tallettaa	[talletta:]
transferência (f) bancária	rahansiirto	[raɦan·si:rto]

transferir (vt)	siirtää	[si:rtæ:]
soma (f)	summa	[summɑ]
Quanto?	paljonko	[pɑljoŋko]

| assinatura (f) | allekirjoitus | [alle·kirjoitus] |
| assinar (vt) | allekirjoittaa | [allekirjoitta:] |

cartão (m) de crédito	luottokortti	[luotto·kortti]
senha (f)	koodi	[ko:di]
número (m) do cartão de crédito	luottokortin numero	[luotto·kortin numero]
caixa (m) eletrônico	pankkiautomaatti	[paŋkki·automa:tti]

cheque (m)	sekki	[sekki]
passar um cheque	kirjoittaa sekki	[kirjoitta: sekki]
talão (m) de cheques	sekkivihko	[sekki·ʋihko]

empréstimo (m)	laina	[lɑjnɑ]
pedir um empréstimo	hakea lainaa	[hɑkeɑ lɑjnɑ:]
obter empréstimo	saada lainaa	[sa:dɑ lɑjnɑ:]
dar um empréstimo	antaa lainaa	[ɑntɑ: lɑjnɑ:]
garantia (f)	takuu	[tɑku:]

79. Telefone. Conversação telefônica

telefone (m)	puhelin	[puɦelin]
celular (m)	matkapuhelin	[mɑtkɑ·puɦelin]
secretária (f) eletrônica	puhelinvastaaja	[puɦelin·ʋɑsta:jɑ]

| fazer uma chamada | soittaa | [sojttɑ:] |
| chamada (f) | soitto, puhelu | [sojtto], [puɦelu] |

discar um número	valita numero	[ʋɑlitɑ numero]
Alô!	Hei!	[hej]
perguntar (vt)	kysyä	[kysyæ]
responder (vt)	vastata	[ʋɑstɑtɑ]

ouvir (vt)	kuulla	[ku:llɑ]
bem	hyvin	[hyʋin]
mal	huonosti	[huonosti]
ruído (m)	häiriöt	[hæjriøt]

fone (m)	kuuloke	[ku:loke]
pegar o telefone	nostaa luuri	[nostɑ: lu:ri]
desligar (vi)	lopettaa puhelu	[lopettɑ: puɦelu]

ocupado (adj)	varattu	[ʋɑrɑttu]
tocar (vi)	soittaa	[sojttɑ:]
lista (f) telefônica	puhelinluettelo	[puɦelin·luettelo]
local (adj)	paikallis-	[pɑjkɑllis]
chamada (f) local	paikallispuhelu	[pɑjkɑllis·puɦelu]
de longa distância	kauko-	[kauko]
chamada (f) de longa distância	kaukopuhelu	[kauko·puɦelu]

| internacional (adj) | ulkomaa | [ulkomɑ:] |
| chamada (f) internacional | ulkomaanpuhelu | [ulkomɑ:n·puħelu] |

80. Telefone móvel

celular (m)	matkapuhelin	[mɑtkɑ·puħelin]
tela (f)	näyttö	[næyttø]
botão (m)	näppäin	[næppæjn]
cartão SIM (m)	SIM-kortti	[sim·kortti]

bateria (f)	paristo	[pɑristo]
descarregar-se (vr)	olla tyhjä	[ollɑ tyhjæ]
carregador (m)	laturi	[lɑturi]

| menu (m) | valikko | [ʋɑlikko] |
| configurações (f pl) | asetukset | [ɑsetukset] |

| melodia (f) | melodia | [melodiɑ] |
| escolher (vt) | valita | [ʋɑlitɑ] |

calculadora (f)	laskin	[lɑskin]
correio (m) de voz	puhelinvastaaja	[puħelin·ʋɑstɑ:jɑ]
despertador (m)	herätyskello	[herætys·kello]
contatos (m pl)	puhelinluettelo	[puħelin·luettelo]

| mensagem (f) de texto | tekstiviesti | [teksti·ʋiesti] |
| assinante (m) | tilaaja | [tilɑ:jɑ] |

81. Estacionário

| caneta (f) | täytekynä | [tæyte·kynæ] |
| caneta (f) tinteiro | sulkakynä | [sulkɑ·kynæ] |

lápis (m)	lyijykynä	[lyjy·kynæ]
marcador (m) de texto	korostuskynä	[korostus·kynæ]
caneta (f) hidrográfica	huopakynä	[huopɑ·kynæ]

| bloco (m) de notas | lehtiö | [lehtiø] |
| agenda (f) | päiväkirja | [pæjʋæ·kirjɑ] |

régua (f)	viivoitin	[ʋi:ʋojtin]
calculadora (f)	laskin	[lɑskin]
borracha (f)	kumi	[kumi]

| alfinete (m) | nasta | [nɑstɑ] |
| clipe (m) | paperiliitin | [pɑperi·li:tin] |

| cola (f) | liima | [li:mɑ] |
| grampeador (m) | nitoja | [nitojɑ] |

| furador (m) de papel | rei'itin | [rej·itin] |
| apontador (m) | teroitin | [terojtin] |

82. Tipos de negócios

serviços (m pl) de contabilidade	kirjanpitopalvelut	[kirjan·pito·palvelut]
publicidade (f)	mainos	[majnos]
agência (f) de publicidade	mainostoimisto	[majnos·tojmisto]
ar (m) condicionado	ilmastointilaitteet	[ilmastojnti·lajtte:t]
companhia (f) aérea	lentoyhtiö	[lento·yhtiø]
bebidas (f pl) alcoólicas	alkoholijuomat	[alkoholi·juomat]
comércio (m) de antiguidades	antikvariaatti	[antikvaria:tti]
galeria (f) de arte	taidegalleria	[taide·galleria]
serviços (m pl) de auditoria	tilintarkastuspalvelut	[tilin·tarkastus·palvelut]
negócios (m pl) bancários	pankkitoiminta	[paŋkki·tojminta]
bar (m)	baari	[ba:ri]
salão (m) de beleza	kauneushoitola	[kauneus·hojtola]
livraria (f)	kirjakauppa	[kirja·kauppa]
cervejaria (f)	olutpanimo	[olut·panimo]
centro (m) de escritórios	liiketoimisto	[li:ke·tojmisto]
escola (f) de negócios	liikekoulu	[li:ke·koulu]
cassino (m)	kasino	[kasino]
construção (f)	rakennusala	[rakennus·ala]
consultoria (f)	neuvola	[neuvola]
clínica (f) dentária	hammashoito	[hammas·hojto]
design (m)	muotoilu	[muotojlu]
drogaria (f)	apteekki	[apte:kki]
lavanderia (f)	kemiallinen pesu	[kemiallinen pesu]
agência (f) de emprego	henkilöstön valintatoimisto	[heŋkiløstøn valinta·tojmisto]
serviços (m pl) financeiros	rahoituspalvelut	[rahojtus·palvelut]
alimentos (m pl)	ruokatavarat	[ruoka·tavarat]
funerária (f)	hautaustoimisto	[hautaus·tojmisto]
mobiliário (m)	huonekalut	[huone·kalut]
roupa (f)	vaatteet	[va:tte:t]
hotel (m)	hotelli	[hotelli]
sorvete (m)	jäätelö	[jæ:telø]
indústria (f)	teollisuus	[teollisu:s]
seguro (~ de vida, etc.)	vakuutus	[vaku:tus]
internet (f)	internet, netti	[internet], [netti]
investimento (m)	investointi	[investojnti]
joalheiro (m)	kultaseppä	[kulta·seppæ]
joias (f pl)	koruesineet	[koruesine:t]
lavanderia (f)	pesula	[pesula]
assessorias (f pl) jurídicas	oikeudelliset palvelut	[ojkeudelliset palvelut]
indústria (f) ligeira	kevyt teollisuus	[kevyt teollisu:s]
revista (f)	aikakauslehti	[ajkakaus·lehti]
vendas (f pl) por catálogo	postiluettelokauppa	[posti·luettelo·kauppa]
medicina (f)	lääketiede	[læ:ke·tiede]

cinema (m)	elokuvateatteri	[elokuʋaˑteatteri]
museu (m)	museo	[museo]

agência (f) de notícias	tietotoimisto	[tietoˑtojmisto]
jornal (m)	lehti	[lehti]
boate (casa noturna)	yökerho	[yøˑkerho]

petróleo (m)	öljy	[øljy]
serviços (m pl) de remessa	lähetintoimisto	[læhetinˑtojmisto]
indústria (f) farmacêutica	farmasia	[farmasia]
tipografia (f)	kirjapainoala	[kirjaˑpajnoˑala]
editora (f)	kustantamo	[kustantamo]

rádio (m)	radio	[radio]
imobiliário (m)	kiinteistö	[kiːntejstø]
restaurante (m)	ravintola	[raʋintola]

empresa (f) de segurança	vartioimisliike	[ʋartiojmisˑliːke]
esporte (m)	urheilu	[urhejlu]
bolsa (f) de valores	pörssi	[pørssi]
loja (f)	kauppa	[kauppa]
supermercado (m)	supermarketti	[superˑmarketti]
piscina (f)	uima-allas	[ujmaˑallas]

alfaiataria (f)	ateljee	[ateljeː]
televisão (f)	televisio	[teleʋisio]
teatro (m)	teatteri	[teatteri]
comércio (m)	kauppa	[kauppa]
serviços (m pl) de transporte	kuljetukset	[kuljetukset]
viagens (f pl)	matkailu	[matkajlu]

veterinário (m)	eläinlääkäri	[elæjnˑlæːkari]
armazém (m)	varasto	[ʋarasto]
recolha (f) do lixo	roskien vienti	[roskien ʋienti]

Emprego. Negócios. Parte 2

83. Espetáculo. Feira

feira, exposição (f)	näyttely	[næyttely]
feira (f) comercial	kauppanäyttely	[kauppa·næyttely]
participação (f)	osallistuminen	[osallistuminen]
participar (vi)	osallistua	[osallistua]
participante (m)	näytteilleasettajalle	[næyttelle·asettajalle]
diretor (m)	johtaja	[johtaja]
direção (f)	näyttelytoimikunta	[næyttely·tojmikunta]
organizador (m)	järjestäjä	[jærjestæjæ]
organizar (vt)	järjestää	[jærjestæ:]
ficha (f) de inscrição	ilmoittautumislomake	[ilmojttautumis·lomake]
preencher (vt)	täyttää	[tæyttæ:]
detalhes (m pl)	yksityiskohdat	[yksityjs·kohdat]
informação (f)	tiedot	[tiedot]
preço (m)	hinta	[hinta]
incluindo	sisältäen	[sisæltæen]
incluir (vt)	sisältää	[sisæltæ:]
pagar (vt)	maksaa	[maksa:]
taxa (f) de inscrição	rekisteröintimaksu	[rekisterøjnti·maksu]
entrada (f)	sisäänkäynti	[sisæ:n·kæynti]
pavilhão (m), salão (f)	näyttelysali, paviljonki	[næyttely·sali], [pauiljoŋki]
inscrever (vt)	rekisteröidä	[rekisterøjdæ]
crachá (m)	nimikortti	[nimi·kortti]
stand (m)	osasto	[osasto]
reservar (vt)	varata	[uarata]
vitrine (f)	lasikko	[lasikko]
lâmpada (f)	valo, valaisin	[ualo], [ualajsin]
design (m)	muotoilu	[muotojlu]
pôr (posicionar)	sijoittaa	[sijoitta:]
distribuidor (m)	jakelija	[jakelija]
fornecedor (m)	toimittaja	[tojmittaja]
fornecer (vt)	toimittaa	[tojmitta:]
país (m)	maa	[ma:]
estrangeiro (adj)	ulkomainen	[ulkomajnen]
produto (m)	tuote	[tuote]
associação (f)	yhdistys	[yhdistys]
sala (f) de conferência	kokoussali	[kokous·sali]

| congresso (m) | kongressi | [koŋressi] |
| concurso (m) | kilpailu | [kilpɑjlu] |

visitante (m)	kävijä	[kæʋijæ]
visitar (vt)	käydä	[kæydæ]
cliente (m)	asiakas	[ɑsiɑkɑs]

84. Ciência. Investigação. Cientistas

ciência (f)	tiede	[tiede]
científico (adj)	tieteellinen	[tiete:llinen]
cientista (m)	tiedemies	[tiedemies]
teoria (f)	teoria	[teoria]

axioma (m)	aksiomi	[aksiomi]
análise (f)	analyysi	[analy:si]
analisar (vt)	analysoida	[analysojda]
argumento (m)	argumentti	[argumentti]
substância (f)	aine	[ajne]

hipótese (f)	hypoteesi	[hypote:si]
dilema (m)	dilemma	[dilemma]
tese (f)	väitöskirja	[ʋæjtøs·kirja]
dogma (m)	dogmi	[dogmi]

doutrina (f)	doktriini, oppi	[doktri:ni], [oppi]
pesquisa (f)	tutkimus	[tutkimus]
pesquisar (vt)	tutkia	[tutkia]
testes (m pl)	tarkastus	[tarkastus]
laboratório (m)	laboratorio	[laboratorio]

método (m)	metodi	[metodi]
molécula (f)	molekyyli	[moleky:li]
monitoramento (m)	valvonta	[ʋalʋonta]
descoberta (f)	löytö	[løytø]

postulado (m)	olettamus	[olettamus]
princípio (m)	periaate	[peria:te]
prognóstico (previsão)	ennustus	[ennustus]
prognosticar (vt)	ennustaa	[ennusta:]

síntese (f)	synteesi	[synte:si]
tendência (f)	tendenssi	[tendenssi]
teorema (m)	lause, teoreema	[lause], [teore:ma]

ensinamentos (m pl)	opetukset	[opetukset]
fato (m)	tosiasia	[tosiasia]
expedição (f)	löytöretki	[løytø·retki]
experiência (f)	koe	[koe]

acadêmico (m)	akateemikko	[akate:mikko]
bacharel (m)	kandidaatti	[kandida:tti]
doutor (m)	tohtori	[tohtori]
professor (m) associado	dosentti	[dosentti]

| mestrado (m) | **maisteri** | [mɑjsteri] |
| professor (m) | **professori** | [professori] |

Profissões e ocupações

85. Procura de emprego. Demissão

trabalho (m)	työ	[tyø]
equipe (f)	henkilökunta	[heŋkilø·kuntɑ]
pessoal (m)	henkilöstö	[heŋkiløstø]
carreira (f)	ura	[urɑ]
perspectivas (f pl)	mahdollisuudet	[mɑhdollisu:det]
habilidades (f pl)	mestaruus	[mestɑru:s]
seleção (f)	valinta	[ʋɑlintɑ]
agência (f) de emprego	työvoimatoimisto	[tyøʋojmɑ·tojmisto]
currículo (m)	ansioluettelo	[ɑnsio·luettelo]
entrevista (f) de emprego	työhaastattelu	[tyø·hɑ:stɑttelu]
vaga (f)	vakanssi	[ʋɑkɑnssi]
salário (m)	palkka	[pɑlkkɑ]
salário (m) fixo	kiinteä palkka	[ki:nteæ pɑlkkɑ]
pagamento (m)	maksu	[mɑksu]
cargo (m)	virka	[ʋirkɑ]
dever (do empregado)	velvollisuus	[ʋelʋollisu:s]
gama (f) de deveres	velvollisuudet	[ʋelʋollisu:det]
ocupado (adj)	varattu	[ʋɑrɑttu]
despedir, demitir (vt)	antaa potkut	[ɑntɑ: potkut]
demissão (f)	irtisanominen	[irtisɑnominen]
desemprego (m)	työttömyys	[tyøttømy:s]
desempregado (m)	työtön	[tyøtøn]
aposentadoria (f)	eläke	[elæke]
aposentar-se (vr)	jäädä eläkkeelle	[jæ:dæ elække:lle]

86. Gente de negócios

diretor (m)	johtaja	[johtɑjɑ]
gerente (m)	johtaja	[johtɑjɑ]
patrão, chefe (m)	esimies	[esimies]
superior (m)	päällikkö	[pæ:llikkø]
superiores (m pl)	esimiehet	[esimiehet]
presidente (m)	presidentti	[presidentti]
chairman (m)	puheenjohtaja	[puɦe:n·johtɑjɑ]
substituto (m)	sijainen	[sijainen]
assistente (m)	apulainen	[ɑpulɑjnen]

| secretário (m) | sihteeri | [sihte:ri] |
| secretário (m) pessoal | henkilökohtainen avustaja | [heŋkylø·kohtajnen auustaja] |

homem (m) de negócios	liikemies	[li:kemies]
empreendedor (m)	yrittäjä	[yrittæjæ]
fundador (m)	perustaja	[perustaja]
fundar (vt)	perustaa	[perusta:]

principiador (m)	perustaja	[perustaja]
parceiro, sócio (m)	partneri	[partneri]
acionista (m)	osakkeenomistaja	[osakke:n·omistaja]

milionário (m)	miljonääri	[miljonæ:ri]
bilionário (m)	miljardööri	[miljardø:ri]
proprietário (m)	omistaja	[omistaja]
proprietário (m) de terras	maanomistaja	[ma:n·omistaja]

cliente (m)	asiakas	[asiakas]
cliente (m) habitual	vakituinen asiakas	[uakitujnen asiakas]
comprador (m)	ostaja	[ostaja]
visitante (m)	kävijä	[kæuijæ]

profissional (m)	ammattilainen	[ammattilajnen]
perito (m)	asiantuntija	[asiantuntija]
especialista (m)	asiantuntija	[asiantuntija]

| banqueiro (m) | pankkiiri | [paŋkki:ri] |
| corretor (m) | pörssimeklari | [pørssi·meklari] |

caixa (m, f)	kassanhoitaja	[kassan·hojtaja]
contador (m)	kirjanpitäjä	[kirjan·pitæjæ]
guarda (m)	vartija	[uartija]

investidor (m)	sijoittaja	[sijoittaja]
devedor (m)	velallinen	[uelallinen]
credor (m)	luotonantaja	[luoton·antaja]
mutuário (m)	lainanottaja	[lajnan·ottaja]

| importador (m) | maahantuoja | [ma:han·tuoja] |
| exportador (m) | maastaviejä | [ma:stauiejæ] |

produtor (m)	tuottaja	[tuottaja]
distribuidor (m)	jakelija	[jakelija]
intermediário (m)	välittäjä	[uælittæjæ]

consultor (m)	neuvoja	[neuuoja]
representante comercial	edustaja	[edustaja]
agente (m)	asiamies	[asiamies]
agente (m) de seguros	vakuutusasiamies	[uaku:tus·asiamies]

87. Profissões de serviços

| cozinheiro (m) | kokki | [kokki] |
| chefe (m) de cozinha | keittiömestari | [kejttiø·mestari] |

padeiro (m)	leipuri	[lejpuri]
barman (m)	baarimestari	[bɑːriˑmestɑri]
garçom (m)	tarjoilija	[tɑrjoilijɑ]
garçonete (f)	tarjoilijatar	[tɑrjoilijɑtɑr]

advogado (m)	asianajaja	[ɑsiɑnɑjɑjɑ]
jurista (m)	lakimies	[lɑkimies]
notário (m)	notaari	[notɑːri]

eletricista (m)	sähkömies	[sæhkømies]
encanador (m)	putkimies	[putkimies]
carpinteiro (m)	kirvesmies	[kirʋesmies]

massagista (m)	hieroja	[hieroja]
massagista (f)	naishieroja	[nɑjsˑhieroja]
médico (m)	lääkäri	[læːkæri]

taxista (m)	taksinkuljettaja	[tɑksiŋˑkuljettɑjɑ]
condutor (automobilista)	kuljettaja	[kuljettɑjɑ]
entregador (m)	kuriiri	[kuriːri]

camareira (f)	huonesiivooja	[huoneˑsiːʋoːjɑ]
guarda (m)	vartija	[ʋɑrtijɑ]
aeromoça (f)	lentoemäntä	[lentoˑemæntæ]

professor (m)	opettaja	[opettɑjɑ]
bibliotecário (m)	kirjastonhoitaja	[kirjɑstonˑhojtɑjɑ]
tradutor (m)	kääntäjä	[kæːntæjæ]
intérprete (m)	tulkki	[tulkki]
guia (m)	opas	[opɑs]

cabeleireiro (m)	parturi	[pɑrturi]
carteiro (m)	postinkantaja	[postiŋˑkɑntɑjɑ]
vendedor (m)	myyjä	[myːjæ]

jardineiro (m)	puutarhuri	[puːtɑrhuri]
criado (m)	palvelija	[pɑlʋelijɑ]
criada (f)	sisäkkö	[sisækkø]
empregada (f) de limpeza	siivooja	[siːʋoːjɑ]

88. Profissões militares e postos

soldado (m) raso	sotamies	[sotamies]
sargento (m)	kersantti	[kersɑntti]
tenente (m)	luutnantti	[luːtnɑntti]
capitão (m)	kapteeni	[kɑpteːni]

major (m)	majuri	[mɑjuri]
coronel (m)	eversti	[eʋersti]
general (m)	kenraali	[kenrɑːli]
marechal (m)	marsalkka	[mɑrsɑlkkɑ]
almirante (m)	amiraali	[ɑmirɑːli]
militar (m)	sotilashenkilö	[sotilɑsˑheŋkilø]
soldado (m)	sotilas	[sotilɑs]

| oficial (m) | upseeri | [upse:ri] |
| comandante (m) | komentaja | [komentaja] |

guarda (m) de fronteira	rajavartija	[raja·uartija]
operador (m) de rádio	radisti	[radisti]
explorador (m)	tiedustelija	[tiedustelija]
sapador-mineiro (m)	pioneeri	[pione:ri]
atirador (m)	ampuja	[ampuja]
navegador (m)	perämies	[peræmies]

89. Oficiais. Padres

| rei (m) | kuningas | [kuniŋas] |
| rainha (f) | kuningatar | [kuniŋatar] |

| príncipe (m) | prinssi | [prinssi] |
| princesa (f) | prinsessa | [prinsessa] |

| czar (m) | tsaari | [tsɑ:ri] |
| czarina (f) | tsaaritar | [tsɑ:ritar] |

presidente (m)	presidentti	[presidentti]
ministro (m)	ministeri	[ministeri]
primeiro-ministro (m)	pääministeri	[pæ:ministeri]
senador (m)	senaattori	[senɑ:ttori]

diplomata (m)	diplomaatti	[diplomɑ:tti]
cônsul (m)	konsuli	[konsuli]
embaixador (m)	suurlähettiläs	[su:r·læħettilæs]
conselheiro (m)	neuvos	[neuuos]

funcionário (m)	virkamies	[uirkamies]
prefeito (m)	prefekti	[prefekti]
Presidente (m) da Câmara	kaupunginjohtaja	[kaupuŋin·johtaja]

| juiz (m) | tuomari | [tuomari] |
| procurador (m) | syyttäjä | [sy:ttæjæ] |

missionário (m)	lähetystyöntekijä	[læħetys·tyøntekija]
monge (m)	munkki	[muŋkki]
abade (m)	apotti	[apotti]
rabino (m)	rabbi	[rabbi]

vizir (m)	visiiri	[uisi:ri]
xá (m)	šaahi	[ʃɑ:hi]
xeique (m)	šeikki	[ʃejkki]

90. Profissões agrícolas

abelheiro (m)	mehiläishoitaja	[meħilæjs·hojtaja]
pastor (m)	paimen	[pajmen]
agrônomo (m)	agronomi	[agronomi]

| criador (m) de gado | karjanhoitaja | [karjan·hojtaja] |
| veterinário (m) | eläinlääkäri | [elæjn·læ:kari] |

agricultor, fazendeiro (m)	farmari	[farmari]
vinicultor (m)	viininvalmistaja	[ʋi:nin·ʋalmistaja]
zoólogo (m)	eläintieteilijä	[elæjn·tietejlijæ]
vaqueiro (m)	cowboy	[kauboj]

91. Profissões artísticas

| ator (m) | näyttelijä | [næyttelijæ] |
| atriz (f) | näyttelijätär | [næyttelijætær] |

| cantor (m) | laulaja | [laulaja] |
| cantora (f) | laulaja | [laulaja] |

| bailarino (m) | tanssija | [tanssija] |
| bailarina (f) | tanssijatar | [tanssijatar] |

| artista (m) | näyttelijä | [næyttelijæ] |
| artista (f) | näyttelijätär | [næyttelijætær] |

músico (m)	muusikko	[mu:sikko]
pianista (m)	pianisti	[pianisti]
guitarrista (m)	kitaransoittaja	[kitaran·sojttaja]

maestro (m)	kapellimestari	[kapelli·mestari]
compositor (m)	säveltäjä	[sæʋeltæjæ]
empresário (m)	impressaari	[impressa:ri]

diretor (m) de cinema	ohjaaja	[ohja:ja]
produtor (m)	elokuvatuottaja	[elokuʋa·tuottaja]
roteirista (m)	käsikirjoittaja	[kæsi·kirjoittaja]
crítico (m)	arvostelija	[arʋostelija]

escritor (m)	kirjailija	[kirjailija]
poeta (m)	runoilija	[runojlija]
escultor (m)	kuvanveistäjä	[kuʋan·ʋejstæjæ]
pintor (m)	taiteilija	[tajtejlija]

malabarista (m)	jonglööri	[joŋlø:ri]
palhaço (m)	klovni	[kloʋni]
acrobata (m)	akrobaatti	[akroba:tti]
ilusionista (m)	taikuri	[tajkuri]

92. Várias profissões

médico (m)	lääkäri	[læ:kæri]
enfermeira (f)	sairaanhoitaja	[sajra:n·hojtaja]
psiquiatra (m)	psykiatri	[psykiatri]
dentista (m)	hammaslääkäri	[hammas·læ:kæri]
cirurgião (m)	kirurgi	[kirurgi]

astronauta (m)	astronautti	[astronautti]
astrônomo (m)	tähtitieteilijä	[tæhti·tietejlijæ]
piloto (m)	lentäjä	[lentæjæ]

motorista (m)	kuljettaja	[kuljettaja]
maquinista (m)	junankuljettaja	[yneŋ·kuljettaja]
mecânico (m)	mekaanikko	[meka:nikko]

mineiro (m)	kaivosmies	[kajuosmies]
operário (m)	työläinen	[tyølæjnen]
serralheiro (m)	lukkoseppä	[lukko·seppæ]
marceneiro (m)	puuseppä	[pu:seppæ]
torneiro (m)	sorvari	[soruari]
construtor (m)	rakentaja	[rakentaja]
soldador (m)	hitsari	[hitsari]

professor (m)	professori	[professori]
arquiteto (m)	arkkitehti	[arkkitehti]
historiador (m)	historioitsija	[historiojtsija]
cientista (m)	tiedemies	[tiedemies]
físico (m)	fyysikko	[fy:sikko]
químico (m)	kemisti	[kemisti]

arqueólogo (m)	arkeologi	[arkeologi]
geólogo (m)	geologi	[geologi]
pesquisador (cientista)	tutkija	[tutkija]

babysitter, babá (f)	lastenhoitaja	[lasten·hojtaja]
professor (m)	pedagogi	[pedagogi]

redator (m)	toimittaja	[tojmittaja]
redator-chefe (m)	päätoimittaja	[pæ:tojmittaja]
correspondente (m)	kirjeenvaihtaja	[kirje:n·uajhtaja]
datilógrafa (f)	konekirjoittaja	[kone·kirjoittaja]

designer (m)	muotoilija	[muotojlija]
especialista (m) em informática	tietokoneasiantuntija	[tietokone·asiantuntija]
programador (m)	ohjelmoija	[ohjelmoja]
engenheiro (m)	insinööri	[insinø:ri]

marujo (m)	merimies	[merimies]
marinheiro (m)	matruusi	[matru:si]
socorrista (m)	pelastaja	[pelastaja]

bombeiro (m)	palomies	[palomies]
polícia (m)	poliisi	[poli:si]
guarda-noturno (m)	vahti	[uahti]
detetive (m)	etsivä	[etsiuæ]

funcionário (m) da alfândega	tullimies	[tullimies]
guarda-costas (m)	henkivartija	[heŋki·uartija]
guarda (m) prisional	vanginvartija	[uaŋin·uartija]
inspetor (m)	tarkastaja	[tarkastaja]
esportista (m)	urheilija	[urhejlija]
treinador (m)	valmentaja	[ualmentaja]

açougueiro (m)	lihanleikkaaja	[lihan·lejkka:ja]
sapateiro (m)	suutari	[su:tari]
comerciante (m)	kauppias	[kauppjas]
carregador (m)	lastaaja	[lasta:ja]

| estilista (m) | muotisuunnittelija | [muoti·su:nnittelija] |
| modelo (f) | malli | [malli] |

93. Ocupações. Estatuto social

| estudante (~ de escola) | koululainen | [koululajnen] |
| estudante (~ universitária) | ylioppilas | [yli·oppilas] |

filósofo (m)	filosofi	[filosofi]
economista (m)	taloustieteilijä	[talous·tietejlijæ]
inventor (m)	keksijä	[keksijæ]

desempregado (m)	työtön	[tyøtøn]
aposentado (m)	eläkeläinen	[elækelæjnen]
espião (m)	vakoilija	[vakojlija]

preso, prisioneiro (m)	vanki	[vaŋki]
grevista (m)	lakkolainen	[lakkolajnen]
burocrata (m)	byrokraatti	[byrokra:tti]
viajante (m)	matkailija	[matkajlija]

homossexual (m)	homoseksuaali	[homoseksua:li]
hacker (m)	hakkeri	[hakkeri]
hippie (m, f)	hippi	[hippi]

bandido (m)	rosvo	[rosvo]
assassino (m)	salamurhaaja	[sala·murha:ja]
drogado (m)	narkomaani	[narkoma:ni]
traficante (m)	huumekauppias	[hu:me·kauppias]
prostituta (f)	prostituoitu	[prostituojtu]
cafetão (m)	sutenööri	[sutenø:ri]

bruxo (m)	noita	[nojta]
bruxa (f)	noita	[nojta]
pirata (m)	merirosvo	[meri·rosvo]
escravo (m)	orja	[orja]
samurai (m)	samurai	[samuraj]
selvagem (m)	villi-ihminen	[villi·ihminen]

Educação

94. Escola

escola (f)	koulu	[koulu]
diretor (m) de escola	rehtori	[rehtori]
aluno (m)	oppilas	[oppilas]
aluna (f)	tyttöoppilas	[tyttø·oppilas]
estudante (m)	koululainen	[koululajnen]
estudante (f)	koululainen	[koululajnen]
ensinar (vt)	opettaa	[opetta:]
aprender (vt)	opetella	[opetella]
decorar (vt)	opetella ulkoa	[opetella ulkoa]
estudar (vi)	opiskella	[opiskella]
estar na escola	käydä koulua	[kæydæ koulua]
ir à escola	mennä kouluun	[mennæ koulu:n]
alfabeto (m)	aakkoset	[a:kkoset]
disciplina (f)	oppiaine	[oppiajne]
sala (f) de aula	luokka	[luokka]
lição, aula (f)	tunti	[tunti]
recreio (m)	välitunti	[uæli·tunti]
toque (m)	soitto	[sojtto]
classe (f)	pulpetti	[pulpetti]
quadro (m) negro	liitutaulu	[li:tu·taulu]
nota (f)	arvosana	[aruosana]
boa nota (f)	hyvä arvosana	[hyuæ aruosana]
nota (f) baixa	huono arvosana	[huono aruosana]
dar uma nota	merkitä arvosana	[merkitæ aruosana]
erro (m)	virhe	[uirhe]
errar (vi)	tehdä virheet	[tehdæ uirhe:t]
corrigir (~ um erro)	korjata	[korjata]
cola (f)	lunttilappu	[luntti·lappu]
dever (m) de casa	kotitehtävä	[koti·tehtæuæ]
exercício (m)	harjoitus	[harjoitus]
estar presente	olla läsnä	[olla læsnæ]
estar ausente	olla poissa	[olla pojssa]
punir (vt)	rangaista	[raŋajsta]
punição (f)	rangaistus	[raŋajstus]
comportamento (m)	käytös	[kæytøs]

boletim (m) escolar	oppilaan päiväkirja	[oppila:n pæjʋæ·kirjɑ]
lápis (m)	lyijykynä	[lyjy·kynæ]
borracha (f)	kumi	[kumi]
giz (m)	liitu	[li:tu]
porta-lápis (m)	kynäkotelo	[kynæ·kotelo]

mala, pasta, mochila (f)	salkku	[sɑlkku]
caneta (f)	kynä	[kynæ]
caderno (m)	vihko	[ʋihko]
livro (m) didático	oppikirja	[oppi·kirjɑ]
compasso (m)	harppi	[hɑrppi]

traçar (vt)	piirtää	[pi:rtæ:]
desenho (m) técnico	piirustus	[pi:rustus]

poesia (f)	runo	[runo]
de cor	ulkoa	[ulkoɑ]
decorar (vt)	opetella ulkoa	[opetellɑ ulkoɑ]

férias (f pl)	loma	[lomɑ]
estar de férias	olla lomalla	[ollɑ lomɑllɑ]

teste (m), prova (f)	kirjallinen koe	[kirjallinen koe]
redação (f)	ainekirjoitus	[ɑjne·kirjoitus]
ditado (m)	sanelu	[sɑnelu]

exame (m), prova (f)	koe	[koe]
fazer prova	tenttiä	[tenttiæ]
experiência (~ química)	koe	[koe]

95. Colégio. Universidade

academia (f)	akatemia	[ɑkɑtemiɑ]
universidade (f)	yliopisto	[yli·opisto]
faculdade (f)	tiedekunta	[tiede·kuntɑ]

estudante (m)	opiskelija	[opiskelijɑ]
estudante (f)	opiskelija	[opiskelijɑ]
professor (m)	opettaja	[opettɑjɑ]

auditório (m)	luentosali	[luento·sɑli]
graduado (m)	valmistunut	[ʋɑlmistunut]

diploma (m)	diplomi	[diplomi]
tese (f)	väitöskirja	[ʋæjtøs·kirjɑ]

estudo (obra)	tutkimus	[tutkimus]
laboratório (m)	laboratorio	[lɑborɑtorio]

palestra (f)	luento	[luento]
colega (m) de curso	kurssitoveri	[kurssi·toʋeri]

bolsa (f) de estudos	opintotuki	[opinto·tuki]
grau (m) acadêmico	oppiarvo	[oppi·ɑrʋo]

96. Ciências. Disciplinas

matemática (f)	matematiikka	[matemati:kka]
álgebra (f)	algebra	[algebra]
geometria (f)	geometria	[geometria]
astronomia (f)	tähtitiede	[tæhti·tiede]
biologia (f)	biologia	[biologia]
geografia (f)	maantiede	[ma:n·tiede]
geologia (f)	geologia	[geologia]
história (f)	historia	[historia]
medicina (f)	lääketiede	[læ:ke·tiede]
pedagogia (f)	pedagogiikka	[pedagogi:kka]
direito (m)	oikeustiede	[ojkeus·tiede]
física (f)	fysiikka	[fysi:kka]
química (f)	kemia	[kemia]
filosofia (f)	filosofia	[filosofia]
psicologia (f)	psykologia	[psykologia]

97. Sistema de escrita. Ortografia

gramática (f)	kielioppi	[kieli·oppi]
vocabulário (m)	sanasto	[sanasto]
fonética (f)	fonetiikka	[foneti:kka]
substantivo (m)	substantiivi	[substanti:ʋi]
adjetivo (m)	adjektiivi	[adjekti:ʋi]
verbo (m)	verbi	[ʋerbi]
advérbio (m)	adverbi	[adʋerbi]
pronome (m)	pronomini	[pronomini]
interjeição (f)	interjektio	[interjektio]
preposição (f)	prepositio	[prepositio]
raiz (f)	sanan vartalo	[sanan ʋartalo]
terminação (f)	pääte	[pæ:te]
prefixo (m)	etuliite	[etuli:te]
sílaba (f)	tavu	[taʋu]
sufixo (m)	suffiksi, jälkiliite	[suffiksi], [jælkili:te]
acento (m)	paino	[pajno]
apóstrofo (f)	heittomerkki	[hejtto·merkki]
ponto (m)	piste	[piste]
vírgula (f)	pilkku	[pilkku]
ponto e vírgula (m)	puolipiste	[puoli·piste]
dois pontos (m pl)	kaksoispiste	[kaksojs·piste]
reticências (f pl)	pisteryhmä	[piste·ryhmæ]
ponto (m) de interrogação	kysymysmerkki	[kysymys·merkki]
ponto (m) de exclamação	huutomerkki	[hu:to·merkki]

aspas (f pl)	lainausmerkit	[lajnaus·merkit]
entre aspas	lainausmerkeissä	[lajnaus·merkejssæ]
parênteses (m pl)	sulkumerkit	[sulku·merkit]
entre parênteses	sulkumerkeissä	[sulku·merkejssæ]

hífen (m)	tavuviiva	[tavu·ʋi:ʋa]
travessão (m)	ajatusviiva	[ajatus·ʋi:ʋa]
espaço (m)	väli	[ʋæli]

letra (f)	kirjain	[kirjain]
letra (f) maiúscula	iso kirjain	[iso kirjain]

vogal (f)	vokaali	[ʋoka:li]
consoante (f)	konsonantti	[konsonantti]

frase (f)	lause	[lause]
sujeito (m)	subjekti	[subjekti]
predicado (m)	predikaatti	[predika:tti]

linha (f)	rivi	[riʋi]
em uma nova linha	uudella rivillä	[u:dela riʋilla]
parágrafo (m)	kappale	[kappale]

palavra (f)	sana	[sana]
grupo (m) de palavras	sanaliitto	[sana·li:tto]
expressão (f)	sanonta	[sanonta]
sinônimo (m)	synonyymi	[synony:mi]
antônimo (m)	antonyymi	[antony:mi]

regra (f)	sääntö	[sæ:ntø]
exceção (f)	poikkeus	[pojkkeus]
correto (adj)	oikea	[ojkea]

conjugação (f)	verbien taivutus	[ʋerbien tajuutus]
declinação (f)	nominien taivutus	[nominien tajuutus]
caso (m)	sija	[sija]
pergunta (f)	kysymys	[kysymys]
sublinhar (vt)	alleviivata	[alleʋi:ʋata]
linha (f) pontilhada	pisteviiva	[piste·ʋi:ʋa]

98. Línguas estrangeiras

língua (f)	kieli	[kieli]
estrangeiro (adj)	vieras	[ʋieras]
língua (f) estrangeira	vieras kieli	[ʋieras kieli]
estudar (vt)	opiskella	[opiskella]
aprender (vt)	opetella	[opetella]

ler (vt)	lukea	[lukea]
falar (vi)	puhua	[puɦua]
entender (vt)	ymmärtää	[ymmærtæ:]
escrever (vt)	kirjoittaa	[kirjoitta:]
rapidamente	nopeasti	[nopeasti]
devagar, lentamente	hitaasti	[hita:sti]

fluentemente	sujuvasti	[sujuʋasti]
regras (f pl)	säännöt	[sæ:nnøt]
gramática (f)	kielioppi	[kieli·oppi]
vocabulário (m)	sanasto	[sanasto]
fonética (f)	fonetiikka	[foneti:kka]

livro (m) didático	oppikirja	[oppi·kirja]
dicionário (m)	sanakirja	[sana·kirja]
manual (m) autodidático	itseopiskeluopas	[itseopiskelu·opas]
guia (m) de conversação	fraasisanakirja	[fra:si·sana·kirja]

fita (f) cassete	kasetti	[kasetti]
videoteipe (m)	videokasetti	[ʋideo·kasetti]
CD (m)	CD-levy	[sede·leʋy]
DVD (m)	DVD-levy	[deʋede·leʋy]

alfabeto (m)	aakkoset	[a:kkoset]
soletrar (vt)	kirjoittaa	[kirjoitta:]
pronúncia (f)	artikulaatio	[artikula:tio]

sotaque (m)	korostus	[korostus]
com sotaque	vieraasti korostaen	[ʋiera:sti korostaen]
sem sotaque	ilman korostusta	[ilman korostusta]

palavra (f)	sana	[sana]
sentido (m)	merkitys	[merkitys]

curso (m)	kurssi	[kurssi]
inscrever-se (vr)	ilmoittautua	[ilmojttautua]
professor (m)	opettaja	[opettaja]

tradução (processo)	kääntäminen	[kæ:ntæminen]
tradução (texto)	käännös	[kæ:nnøs]
tradutor (m)	kääntäjä	[kæ:ntæjæ]
intérprete (m)	tulkki	[tulkki]

poliglota (m)	monikielinen	[moni·kielinen]
memória (f)	muisti	[mujsti]

Descanso. Entretenimento. Viagens

99. Viagens

turismo (m)	matkailu	[matkɑjlu]
turista (m)	matkailija	[matkɑjlijɑ]
viagem (f)	matka	[matkɑ]
aventura (f)	seikkailu	[sejkkɑjlu]
percurso (curta viagem)	matka	[matkɑ]
férias (f pl)	loma	[lomɑ]
estar de férias	olla lomalla	[ollɑ lomɑllɑ]
descanso (m)	lepo	[lepo]
trem (m)	juna	[junɑ]
de trem (chegar ~)	junalla	[junɑllɑ]
avião (m)	lentokone	[lento·kone]
de avião	lentokoneella	[lentokone:llɑ]
de carro	autolla	[ɑutollɑ]
de navio	laivalla	[lɑjuɑllɑ]
bagagem (f)	matkatavara	[mɑtkɑ·tɑuɑrɑ]
mala (f)	matkalaukku	[mɑtkɑ·lɑukku]
carrinho (m)	matkatavarakärryt	[mɑtkɑ·tɑuɑrɑt·kærryt]
passaporte (m)	passi	[pɑssi]
visto (m)	viisumi	[ui:sumi]
passagem (f)	lippu	[lippu]
passagem (f) aérea	lentolippu	[lento·lippu]
guia (m) de viagem	opaskirja	[opɑs·kirjɑ]
mapa (m)	kartta	[kɑrttɑ]
área (f)	seutu	[seutu]
lugar (m)	paikka	[pɑjkkɑ]
exotismo (m)	eksoottisuus	[ekso:ttisu:s]
exótico (adj)	eksoottinen	[ekso:ttinen]
surpreendente (adj)	ihmeellinen	[ihme:llinen]
grupo (m)	ryhmä	[ryhmæ]
excursão (f)	ekskursio, retki	[ekskursio], [retki]
guia (m)	opas	[opɑs]

100. Hotel

hotel (m)	hotelli	[hotelli]
motel (m)	motelli	[motelli]
três estrelas	kolme tähteä	[kolme tæhteæ]

cinco estrelas	**viisi tähteä**	[ʋi:si tæhteæ]
ficar (vi, vt)	**oleskella**	[oleskella]
quarto (m)	**huone**	[huone]
quarto (m) individual	**yhden hengen huone**	[yhden heŋen huone]
quarto (m) duplo	**kahden hengen huone**	[kahden heŋen huone]
reservar um quarto	**varata huone**	[ʋarata huone]
meia pensão (f)	**puolihoito**	[puoli·hojto]
pensão (f) completa	**täysihoito**	[tæysi·hojto]
com banheira	**jossa on kylpyamme**	[jossa on kylpyamme]
com chuveiro	**on suihku**	[on sujhku]
televisão (m) por satélite	**satelliittitelevisio**	[satelli:tti·teleʋisio]
ar (m) condicionado	**ilmastointilaite**	[ilmastojnti·lajte]
toalha (f)	**pyyhe**	[py:he]
chave (f)	**avain**	[aʋajn]
administrador (m)	**hallintovirkamies**	[hallinto·ʋirka·mies]
camareira (f)	**huonesiivooja**	[huone·si:ʋo:ja]
bagageiro (m)	**kantaja**	[kantaja]
porteiro (m)	**vahtimestari**	[ʋahti·mestari]
restaurante (m)	**ravintola**	[raʋintola]
bar (m)	**baari**	[ba:ri]
café (m) da manhã	**aamiainen**	[a:miajnen]
jantar (m)	**illallinen**	[illallinen]
bufê (m)	**noutopöytä**	[nouto·pøytæ]
saguão (m)	**eteishalli**	[etejs·halli]
elevador (m)	**hissi**	[hissi]
NÃO PERTURBE	**ÄLKÄÄ HÄIRITKÖ**	[ælkæ: hæjritkø]
PROIBIDO FUMAR!	**TUPAKOINTI KIELLETTY**	[tupakojnti kielletty]

EQUIPAMENTO TÉCNICO. TRANSPORTES

Equipamento técnico. Transportes

101. Computador

computador (m)	tietokone	[tieto·kone]
computador (m) portátil	kannettava tietokone	[kɑnnettɑʋɑ tietokone]
ligar (vt)	avata	[ɑʋɑtɑ]
desligar (vt)	sammuttaa	[sɑmmuttɑ:]
teclado (m)	näppäimistö	[næppæjmistø]
tecla (f)	näppäin	[næppæjn]
mouse (m)	hiiri	[hi:ri]
tapete (m) para mouse	hiirimatto	[hi:ri·mɑtto]
botão (m)	painike	[pɑjnike]
cursor (m)	kursori	[kursori]
monitor (m)	monitori	[monitori]
tela (f)	näyttö	[næyttø]
disco (m) rígido	kiintolevy, kovalevy	[ki:nto·leʋy], [koʋɑ·leʋy]
capacidade (f) do disco rígido	kiintolevyn kapasiteetti	[ki:ntoleʋyn kɑpɑsite:tti]
memória (f)	muisti	[mujsti]
memória RAM (f)	keskusmuisti	[keskus·mujsti]
arquivo (m)	tiedosto	[tædosto]
pasta (f)	kansio	[kɑnsio]
abrir (vt)	avata	[ɑʋɑtɑ]
fechar (vt)	sulkea	[sulkeɑ]
salvar (vt)	tallentaa	[tɑllentɑ:]
deletar (vt)	poistaa	[pojstɑ:]
copiar (vt)	kopioida	[kopiojdɑ]
ordenar (vt)	lajitella	[lɑjitellɑ]
copiar (vt)	siirtää	[si:rtæ:]
programa (m)	ohjelma	[ohjelmɑ]
software (m)	ohjelmisto	[ohjelmisto]
programador (m)	ohjelmoija	[ohjelmojɑ]
programar (vt)	ohjelmoida	[ohjelmojdɑ]
hacker (m)	hakkeri	[hɑkkeri]
senha (f)	tunnussana	[tunnus·sɑnɑ]
vírus (m)	virus	[ʋirus]
detectar (vt)	löytää	[løytæ:]
byte (m)	tavu	[tɑʋu]

megabyte (m)	megatavu	[mega·tɑʋu]
dados (m pl)	tiedot	[tiedot]
base (f) de dados	tietokanta	[tieto·kɑntɑ]
cabo (m)	kaapeli	[kɑ:peli]
desconectar (vt)	kytkeä irti	[kytkeæ irti]
conectar (vt)	yhdistää, liittää	[yhdistæ:], [li:ttæ:]

102. Internet. E-mail

internet (f)	internet, netti	[internet], [netti]
browser (m)	verkkoselain	[ʋerkko·selɑjn]
motor (m) de busca	hakukone	[hɑku·kone]
provedor (m)	internet-palveluntarjoaja	[internet·pɑlʋelun·tɑrjoɑjɑ]
webmaster (m)	webmaster	[ʋeb·mɑster]
website (m)	nettisivusto	[netti·siʋusto]
web page (f)	nettisivu	[netti·siʋu]
endereço (m)	email-osoite	[imejl·osojte]
livro (m) de endereços	osoitekirja	[osojte·kirjɑ]
caixa (f) de correio	postilaatikko	[postilɑ:tikko]
correio (m)	posti	[posti]
cheia (caixa de correio)	täysi	[tæysi]
mensagem (f)	viesti	[ʋiesti]
mensagens (f pl) recebidas	saapuneet viestit	[sɑ:pune:t ʋiestit]
mensagens (f pl) enviadas	lähetetyt viestit	[læhetetyt ʋiestit]
remetente (m)	lähettäjä	[læhettæjæ]
enviar (vt)	lähettää	[læhettæ:]
envio (m)	lähettäminen	[læhettæminen]
destinatário (m)	saaja	[sɑ:jɑ]
receber (vt)	saada	[sɑ:dɑ]
correspondência (f)	kirjeenvaihto	[kirje:n·ʋɑjhto]
corresponder-se (vr)	olla kirjeenvaihdossa	[ollɑ kirje:n·ʋɑjhdossɑ]
arquivo (m)	tiedosto	[tædosto]
fazer download, baixar (vt)	tallentaa	[tɑllentɑ:]
criar (vt)	luoda	[luodɑ]
deletar (vt)	poistaa	[pojstɑ:]
deletado (adj)	poistettu	[pojstettu]
conexão (f)	yhteys	[yhteys]
velocidade (f)	nopeus	[nopeus]
modem (m)	modeemi	[mode:mi]
acesso (m)	pääsy	[pæ:sy]
porta (f)	portti	[portti]
conexão (f)	liittymä	[li:ttymæ]
conectar (vi)	liittyä	[li:ttyæ]
escolher (vt)	valita	[ʋɑlitɑ]
buscar (vt)	etsiä	[etsiæ]

103. Eletricidade

eletricidade (f)	sähkö	[sæhkø]
elétrico (adj)	sähkö-	[sæhkø]
planta (f) elétrica	voimala	[uojmala]
energia (f)	energia	[energia]
energia (f) elétrica	sähköenergia	[sæhkø·energia]
lâmpada (f)	lamppu	[lamppu]
lanterna (f)	taskulamppu	[tasku·lamppu]
poste (m) de iluminação	lyhty	[lyhty]
luz (f)	valo	[ualo]
ligar (vt)	sytyttää	[sytyttæ:]
desligar (vt)	katkaista	[katkajsta]
apagar a luz	sammuttaa valo	[sammutta: ualo]
queimar (vi)	olla palanut	[olla palanut]
curto-circuito (m)	oikosulku	[ojko·sulku]
ruptura (f)	katkeama	[katkeama]
contato (m)	kontakti	[kontakti]
interruptor (m)	katkaisin	[katkajsin]
tomada (de parede)	pistorasia	[pisto·rasia]
plugue (m)	pistoke	[pistoke]
extensão (f)	jatkojohto	[jatko·johto]
fusível (m)	suojalaite	[suoja·lajte]
fio, cabo (m)	johto, johdin	[johto], [johdin]
instalação (f) elétrica	johdotus	[johdotus]
ampère (m)	ampeeri	[ampe:ri]
amperagem (f)	ampeeriluku	[ampe:ri·luku]
volt (m)	voltti	[uoltti]
voltagem (f)	jännite	[jænnite]
aparelho (m) elétrico	sähkölaite	[sæhkø·lajte]
indicador (m)	indikaattori	[indika:ttori]
eletricista (m)	sähkömies	[sæhkømies]
soldar (vt)	juottaa	[juotta:]
soldador (m)	juotin	[juotin]
corrente (f) elétrica	virta	[uirta]

104. Ferramentas

ferramenta (f)	työkalu	[tyø·kalu]
ferramentas (f pl)	työkalut	[tyø·kalut]
equipamento (m)	laitteet	[lajtte:t]
martelo (m)	vasara	[uasara]
chave (f) de fenda	ruuvitaltta	[ru:ui·taltta]
machado (m)	kirves	[kirues]

serra (f)	saha	[sɑɦɑ]
serrar (vt)	sahata	[sɑɦɑtɑ]
plaina (f)	höylä	[høylæ]
aplainar (vt)	höylätä	[høylætæ]
soldador (m)	juotin	[juotin]
soldar (vt)	juottaa	[juottɑ:]
lima (f)	viila	[ʋi:lɑ]
tenaz (f)	hohtimet	[hohtimet]
alicate (m)	laakapihdit	[lɑ:kɑ·pihdit]
formão (m)	taltta	[tɑlttɑ]
broca (f)	pora	[porɑ]
furadeira (f) elétrica	porakone	[porɑ·kone]
furar (vt)	porata	[porɑtɑ]
faca (f)	veitsi	[ʋejtsi]
canivete (m)	taskuveitsi	[tɑsku·ʋejtsi]
lâmina (f)	terä	[teræ]
afiado (adj)	terävä	[teræʋæ]
cego (adj)	tylsä	[tylsæ]
embotar-se (vr)	tylsistyä	[tylsistyæ]
afiar, amolar (vt)	teroittaa	[terojttɑ:]
parafuso (m)	pultti	[pultti]
porca (f)	mutteri	[mutteri]
rosca (f)	kierre	[kierre]
parafuso (para madeira)	ruuvi	[ru:ʋi]
prego (m)	naula	[nɑulɑ]
cabeça (f) do prego	kanta	[kɑntɑ]
régua (f)	viivoitin	[ʋi:ʋojtin]
fita (f) métrica	mittanauha	[mittɑ·nɑuɦɑ]
nível (m)	vesivaaka	[ʋesi·ʋɑ:kɑ]
lupa (f)	suurennuslasi	[su:rennus·lɑsi]
medidor (m)	mittauslaite	[mittɑus·lɑjte]
medir (vt)	mitata	[mitɑtɑ]
escala (f)	asteikko	[ɑstejkko]
indicação (f), registro (m)	lukema	[lukemɑ]
compressor (m)	kompressori	[kompressori]
microscópio (m)	mikroskooppi	[mikrosko:ppi]
bomba (f)	pumppu	[pumppu]
robô (m)	robotti	[robotti]
laser (m)	laser	[lɑser]
chave (f) de boca	kiintoavain	[ki:nto·ɑʋɑjn]
fita (f) adesiva	teippi	[tejppi]
cola (f)	liima	[li:mɑ]
lixa (f)	hiomapaperi	[hiomɑ·pɑperi]
mola (f)	jousi	[jousi]

| ímã (m) | magneetti | [maŋne:tti] |
| luva (f) | käsineet | [kæsine:t] |

corda (f)	nuora	[nuora]
cabo (~ de nylon, etc.)	nuora	[nuora]
fio (m)	johto, johdin	[johto], [johdin]
cabo (~ elétrico)	kaapeli	[ka:peli]

marreta (f)	leka, moukari	[leka], [moukari]
pé de cabra (m)	rautakanki	[rauta·kaŋki]
escada (f) de mão	tikapuut	[tika·pu:t]
escada (m)	tikkaat	[tikka:t]

enroscar (vt)	kiertää	[kærtæ:]
desenroscar (vt)	kiertää auki	[kiertæ: auki]
apertar (vt)	kiristää	[kiristæ:]
colar (vt)	liimata	[li:mata]
cortar (vt)	leikata	[lejkata]

falha (f)	vika	[ʋika]
conserto (m)	korjaus	[korjaus]
consertar, reparar (vt)	korjata	[korjata]
regular, ajustar (vt)	säädellä	[sæ:dellæ]

verificar (vt)	tarkastaa	[tarkasta:]
verificação (f)	tarkastus	[tarkastus]
indicação (f), registro (m)	lukema	[lukema]

| seguro (adj) | luotettava | [luotettaʋa] |
| complicado (adj) | monimutkainen | [monimutkajnen] |

enferrujar (vi)	ruostua	[ruostua]
enferrujado (adj)	ruosteinen	[ruostejnen]
ferrugem (f)	ruoste	[ruoste]

Transportes

105. Avião

avião (m)	lentokone	[lento·kone]
passagem (f) aérea	lentolippu	[lento·lippu]
companhia (f) aérea	lentoyhtiö	[lento·yhtiø]
aeroporto (m)	lentoasema	[lento·asema]
supersônico (adj)	yliääni-	[yliæ:ni-]
comandante (m) do avião	lentokoneen päällikkö	[lento·kone:n pæ:llikkø]
tripulação (f)	miehistö	[mæɦistø]
piloto (m)	lentäjä	[lentæjæ]
aeromoça (f)	lentoemäntä	[lento·emæntæ]
copiloto (m)	perämies	[peræmies]
asas (f pl)	siivet	[si:ʋet]
cauda (f)	pyrstö	[pyrstø]
cabine (f)	ohjaamo	[ohja:mo]
motor (m)	moottori	[mo:ttori]
trem (m) de pouso	laskuteline	[lasku·teline]
turbina (f)	turbiini	[turbi:ni]
hélice (f)	propelli	[propelli]
caixa-preta (f)	musta laatikko	[musta la:tikko]
coluna (f) de controle	ohjaussauva	[ohjaus·sauʋa]
combustível (m)	polttoaine	[poltto·ajne]
instruções (f pl) de segurança	turvaohje	[turʋa·ohje]
máscara (f) de oxigênio	happinaamari	[happina:mari]
uniforme (m)	univormu	[uniʋormu]
colete (m) salva-vidas	pelastusliivi	[pelastus·li:ʋi]
paraquedas (m)	laskuvarjo	[lasku·ʋarjo]
decolagem (f)	ilmaannousu	[ilma:n·nousu]
descolar (vi)	nousta ilmaan	[nousta ilma:n]
pista (f) de decolagem	kiitorata	[ki:to·rata]
visibilidade (f)	näkyvyys	[nækyʋy:s]
voo (m)	lento	[lento]
altura (f)	korkeus	[korkeus]
poço (m) de ar	ilmakuoppa	[ilma·kuoppa]
assento (m)	paikka	[pajkka]
fone (m) de ouvido	kuulokkeet	[ku:lokke:t]
mesa (f) retrátil	tarjotin	[tarjotin]
janela (f)	ikkuna	[ikkuna]
corredor (m)	käytävä	[kæytæʋæ]

106. Comboio

trem (m)	juna	[juna]
trem (m) elétrico	sähköjuna	[sæhkø·juna]
trem (m)	pikajuna	[pika·juna]
locomotiva (f) diesel	moottoriveturi	[mo:ttori·ueturi]
locomotiva (f) a vapor	höyryveturi	[høyry·ueturi]
vagão (f) de passageiros	vaunu	[uaunu]
vagão-restaurante (m)	ravintolavaunu	[rauintola·uaunu]
carris (m pl)	ratakiskot	[rata·kiskot]
estrada (f) de ferro	rautatie	[rauta·tie]
travessa (f)	ratapölkky	[rata·pølkky]
plataforma (f)	asemalaituri	[asema·lajturi]
linha (f)	raide	[rajde]
semáforo (m)	siipiopastin	[si:pi·opastin]
estação (f)	asema	[asema]
maquinista (m)	junankuljettaja	[yneŋ·kuljettaja]
bagageiro (m)	kantaja	[kantaja]
hospedeiro, -a (m, f)	vaununhoitaja	[uaunun·hojtaja]
passageiro (m)	matkustaja	[matkustaja]
revisor (m)	tarkastaja	[tarkastaja]
corredor (m)	käytävä	[kæytæuæ]
freio (m) de emergência	hätäjarru	[hætæ·jarru]
compartimento (m)	vaununosasto	[uaunun·osasto]
cama (f)	vuode	[uuode]
cama (f) de cima	ylävuode	[ylæ·uuode]
cama (f) de baixo	alavuode	[ala·uuode]
roupa (f) de cama	vuodevaatteet	[uuode·ua:tte:t]
passagem (f)	lippu	[lippu]
horário (m)	aikataulu	[ajka·taulu]
painel (m) de informação	aikataulu	[ajka·taulu]
partir (vt)	lähteä	[læhteæ]
partida (f)	lähtö	[læhtø]
chegar (vi)	saapua	[sa:pua]
chegada (f)	saapuminen	[sa:puminen]
chegar de trem	tulla junalla	[tulla junalla]
pegar o trem	nousta junaan	[nousta juna:n]
descer de trem	nousta junasta	[nousta junasta]
acidente (m) ferroviário	junaturma	[juna·turma]
descarrilar (vi)	suistua raiteilta	[sujstua rajtejlta]
locomotiva (f) a vapor	höyryveturi	[høyry·ueturi]
foguista (m)	lämmittäjä	[læmmittæjæ]
fornalha (f)	tulipesä	[tulipesæ]
carvão (m)	hiili	[hi:li]

107. Barco

| navio (m) | laiva | [lɑjʊɑ] |
| embarcação (f) | alus | [ɑlus] |

barco (m) a vapor	höyrylaiva	[højry·lɑjʊɑ]
barco (m) fluvial	jokilaiva	[joki·lɑjʊɑ]
transatlântico (m)	risteilijä	[ristejlijæ]
cruzeiro (m)	risteilijä	[ristejlijæ]

iate (m)	jahti	[jɑhti]
rebocador (m)	hinausköysi	[hinɑus·køysi]
barcaça (f)	proomu	[pro:mu]
ferry (m)	lautta	[lɑuttɑ]

| veleiro (m) | purjealus | [purje·ɑlus] |
| bergantim (m) | brigantiini | [brigɑnti:ni] |

| quebra-gelo (m) | jäänmurtaja | [jæ:n·murtɑjɑ] |
| submarino (m) | sukellusvene | [sukellus·ʊene] |

bote, barco (m)	jolla	[jollɑ]
baleeira (bote salva-vidas)	pelastusvene	[pelɑstus·ʊene]
bote (m) salva-vidas	pelastusvene	[pelɑstus·ʊene]
lancha (f)	moottorivene	[mo:ttori·ʊene]

capitão (m)	kapteeni	[kɑpte:ni]
marinheiro (m)	matruusi	[mɑtru:si]
marujo (m)	merimies	[merimies]
tripulação (f)	miehistö	[mæɦistø]

contramestre (m)	pursimies	[pursimies]
grumete (m)	laivapoika	[lɑjʊɑ·pojkɑ]
cozinheiro (m) de bordo	kokki	[kokki]
médico (m) de bordo	laivalääkäri	[lɑjʊɑ·læ:kæri]

convés (m)	kansi	[kɑnsi]
mastro (m)	masto	[mɑsto]
vela (f)	purje	[purje]

porão (m)	ruuma	[ru:mɑ]
proa (f)	keula	[keulɑ]
popa (f)	perä	[peræ]
remo (m)	airo	[ɑjro]
hélice (f)	potkuri	[potkuri]

cabine (m)	hytti	[hytti]
sala (f) dos oficiais	upseerimessi	[upse:ri·messi]
sala (f) das máquinas	konehuone	[kone·ɦuone]
ponte (m) de comando	komentosilta	[komento·siltɑ]
sala (f) de comunicações	radiohuone	[rɑdio·ɦuone]
onda (f)	aalto	[ɑ:lto]
diário (m) de bordo	laivapäiväkirja	[lɑjʊɑ·pæjʊæ·kirjɑ]
luneta (f)	kaukoputki	[kɑuko·putki]
sino (m)	kello	[kello]

bandeira (f)	lippu	[lippu]
cabo (m)	köysi	[køysi]
nó (m)	solmu	[solmu]

| corrimão (m) | käsipuu | [kæsipu:] |
| prancha (f) de embarque | laskusilta | [lasku·silta] |

âncora (f)	ankkuri	[aŋkkuri]
recolher a âncora	nostaa ankkuri	[nosta: aŋkkuri]
jogar a âncora	heittää ankkuri	[hejttæ: aŋkkuri]
amarra (corrente de âncora)	ankkuriketju	[aŋkkuri·ketju]

porto (m)	satama	[satama]
cais, amarradouro (m)	laituri	[lajturi]
atracar (vi)	kiinnittyä	[ki:nnittyæ]
desatracar (vi)	lähteä	[læhteæ]

viagem (f)	matka	[matka]
cruzeiro (m)	laivamatka	[lajʋa·matka]
rumo (m)	kurssi	[kurssi]
itinerário (m)	reitti	[rejtti]

canal (m) de navegação	väylä	[ʋæylæ]
banco (m) de areia	matalikko	[matalikko]
encalhar (vt)	ajautua matalikolle	[ajautua matalikolle]

tempestade (f)	myrsky	[myrsky]
sinal (m)	merkki	[merkki]
afundar-se (vr)	upota	[upota]
Homem ao mar!	Mies yli laidan!	[mies yli lajdan]
SOS	SOS	[sos]
boia (f) salva-vidas	pelastusrengas	[pelastus·reŋas]

108. Aeroporto

aeroporto (m)	lentoasema	[lento·asema]
avião (m)	lentokone	[lento·kone]
companhia (f) aérea	lentoyhtiö	[lento·yhtiø]
controlador (m) de tráfego aéreo	lennonjohtaja	[lennon·johtaja]

partida (f)	lähtö	[læhtø]
chegada (f)	saapuvat	[sa:puʋat]
chegar (vi)	lentää	[lentæ:]

| hora (f) de partida | lähtöaika | [læhtø·ajka] |
| hora (f) de chegada | saapumisaika | [sa:pumis·ajka] |

| estar atrasado | myöhästyä | [myøhæstyæ] |
| atraso (m) de voo | lennon viivästyminen | [lennon ʋi:ʋæstyminen] |

painel (m) de informação	tiedotustaulu	[tiedotus·taulu]
informação (f)	tiedotus	[tiedotus]
anunciar (vt)	ilmoittaa	[ilmojtta:]

voo (m)	lento	[lento]
alfândega (f)	tulli	[tulli]
funcionário (m) da alfândega	tullimies	[tullimies]

declaração (f) alfandegária	tullausilmoitus	[tullaus·ilmojtus]
preencher (vt)	täyttää	[tæyttæ:]
preencher a declaração	täyttää tullausilmoitus	[tæyttæ: tullaus ilmojtus]
controle (m) de passaporte	passintarkastus	[passin·tarkastus]

bagagem (f)	matkatavara	[matka·tavara]
bagagem (f) de mão	käsimatkatavara	[kæsi·matka·tavara]
carrinho (m)	matkatavarakärryt	[matka·tavarat·kærryt]

pouso (m)	lasku	[lasku]
pista (f) de pouso	laskurata	[lasku·rata]
aterrissar (vi)	laskeutua	[laskeutua]
escada (f) de avião	laskuportaat	[lasku·porta:t]

check-in (m)	lähtöselvitys	[læhtø·seluitys]
balcão (m) do check-in	rekisteröintitiski	[rekisterøinti·tiski]
fazer o check-in	ilmoittautua	[ilmojttautua]
cartão (m) de embarque	koneeseennousukortti	[kone:se:n·nousu·kortti]
portão (m) de embarque	lentokoneen pääsy	[lento·kone:n pæ:sy]

trânsito (m)	kauttakulku	[kautta·kulku]
esperar (vi, vt)	odottaa	[odotta:]
sala (f) de espera	odotussali	[odotus·sali]
despedir-se (acompanhar)	saattaa ulos	[sa:tta: ulos]
despedir-se (dizer adeus)	hyvästellä	[hyuæstellæ]

Eventos

109. Férias. Evento

festa (f)	juhla	[juhla]
feriado (m) nacional	kansallisjuhla	[kansallis·juhla]
feriado (m)	juhlapäivä	[juhla·pæjʋæ]
festejar (vt)	juhlia	[juhlia]

evento (festa, etc.)	tapahtuma	[tapahtuma]
evento (banquete, etc.)	tapahtuma	[tapahtuma]
banquete (m)	banketti	[baŋketti]
recepção (f)	vastaanotto	[ʋasta:notto]
festim (m)	juhlat	[juhlat]

aniversário (m)	vuosipäivä	[ʋuosi·pæjʋæ]
jubileu (m)	juhla, vuosipäivä	[juhla], [ʋuosi·pæjʋæ]
celebrar (vt)	juhlia	[juhlia]

Ano (m) Novo	uusivuosi	[u:si·ʋuosi]
Feliz Ano Novo!	Hyvää uutta vuotta!	[hyʋæ: u:tta ʋuotta]
Papai Noel (m)	Joulupukki	[joulu·pukki]

Natal (m)	Joulu	[joulu]
Feliz Natal!	Hyvää joulua!	[hyʋæ: joulua]
árvore (f) de Natal	joulukuusi	[joulu·ku:si]
fogos (m pl) de artifício	ilotulitus	[ilo·tulitus]

casamento (m)	häät	[hæ:t]
noivo (m)	sulhanen	[sulhanen]
noiva (f)	morsian	[morsian]

convidar (vt)	kutsua	[kutsua]
convite (m)	kutsu, kutsukirje	[kutsu], [kutsu·kirje]

convidado (m)	vieras	[ʋieras]
visitar (vt)	käydä kylässä	[kæydæ kylæssæ]
receber os convidados	tervehtiä vieraat	[terʋehtiæ ʋiera:t]

presente (m)	lahja	[lahja]
oferecer, dar (vt)	lahjoittaa	[lahjoitta:]
receber presentes	saada lahjat	[sa:da lahjat]
buquê (m) de flores	kukkakimppu	[kukka·kimppu]

felicitações (f pl)	onnittelu	[onnittelu]
felicitar (vt)	onnitella	[onnitella]

cartão (m) de parabéns	onnittelukortti	[onnittelu·kortti]
enviar um cartão postal	lähettää kortti	[læhettæ: kortti]
receber um cartão postal	saada kortti	[sa:da kortti]

brinde (m)	maljapuhe	[malja·puɦe]
oferecer (vt)	kestitä	[kestitæ]
champanhe (m)	samppanja	[samppɑnjɑ]

divertir-se (vr)	huvitella	[huʋitella]
diversão (f)	ilo, hilpeys	[ilo], [hilpeys]
alegria (f)	ilo	[ilo]

| dança (f) | tanssi | [tanssi] |
| dançar (vi) | tanssia | [tanssia] |

| valsa (f) | valssi | [ʋalssi] |
| tango (m) | tango | [taŋo] |

110. Funerais. Enterro

cemitério (m)	hautausmaa	[hautausma:]
sepultura (f), túmulo (m)	hauta	[hauta]
cruz (f)	risti	[risti]
lápide (f)	hautamuistomerkki	[hautamujsto·merkki]
cerca (f)	aita	[ajta]
capela (f)	kappeli	[kappeli]

morte (f)	kuolema	[kuolema]
morrer (vi)	kuolla	[kuolla]
defunto (m)	vainaja	[ʋajnaja]
luto (m)	sureminen	[sureminen]

enterrar, sepultar (vt)	haudata	[haudata]
funerária (f)	hautaustoimisto	[hautaus·tojmisto]
funeral (m)	hautajaiset	[hautajaiset]

coroa (f) de flores	seppele	[seppele]
caixão (m)	ruumisarkku	[ru:mis·arkku]
carro (m) funerário	ruumisvaunut	[ru:mis·ʋaunut]
mortalha (f)	käärinliina	[kæ:rin·li:na]

procissão (f) funerária	hautajaissaatto	[hautajais·sa:tto]
urna (f) funerária	uurna	[u:rna]
crematório (m)	krematorio	[krematorio]

obituário (m), necrologia (f)	muistokirjoitus	[mujsto·kirjoitus]
chorar (vi)	itkeä	[itkeæ]
soluçar (vi)	nyyhkyttää	[ny:hkyttæ:]

111. Guerra. Soldados

pelotão (m)	joukkue	[joukkue]
companhia (f)	komppania	[komppania]
regimento (m)	rykmentti	[rykmentti]
exército (m)	armeija	[armeja]
divisão (f)	divisioona	[diʋisio:na]

esquadrão (m)	joukko	[joukko]
hoste (f)	armeija	[ɑrmeja]

soldado (m)	sotilas	[sotilɑs]
oficial (m)	upseeri	[upse:ri]

soldado (m) raso	sotamies	[sotɑmies]
sargento (m)	kersantti	[kersɑntti]
tenente (m)	luutnantti	[lu:tnɑntti]
capitão (m)	kapteeni	[kɑpte:ni]
major (m)	majuri	[mɑjuri]
coronel (m)	eversti	[eʋersti]
general (m)	kenraali	[kenrɑ:li]

marujo (m)	merimies	[merimies]
capitão (m)	kapteeni	[kɑpte:ni]
contramestre (m)	pursimies	[pursimies]

artilheiro (m)	tykkimies	[tykkimies]
soldado (m) paraquedista	desantti	[desɑntti]
piloto (m)	lentäjä	[lentæjæ]
navegador (m)	perämies	[peræmies]
mecânico (m)	konemestari	[kone·mestɑri]

sapador-mineiro (m)	pioneeri	[pione:ri]
paraquedista (m)	laskuvarjohyppääjä	[lɑsku·ʋɑrjoɦyppæ:jæ]
explorador (m)	tiedustelija	[tiedustelija]
atirador (m) de tocaia	tarkka-ampuja	[tɑrkkɑ·ɑmpujɑ]
patrulha (f)	partio	[pɑrtio]
patrulhar (vt)	partioida	[pɑrtiojdɑ]
sentinela (f)	vartiomies	[ʋɑrtiomies]

guerreiro (m)	soturi	[soturi]
patriota (m)	patriootti	[pɑtrio:tti]
herói (m)	sankari	[sɑŋkɑri]
heroína (f)	sankaritar	[sɑŋkɑritɑr]

traidor (m)	pettäjä, petturi	[pettæjæ], [petturi]
trair (vt)	pettää	[pettæ:]
desertor (m)	karkuri	[kɑrkuri]
desertar (vt)	karata	[kɑrɑtɑ]

mercenário (m)	palkkasoturi	[pɑlkkɑ·soturi]
recruta (m)	alokas	[ɑlokɑs]
voluntário (m)	vapaaehtoinen	[ʋɑpɑ:ehtojnen]

morto (m)	kaatunut	[kɑ:tunut]
ferido (m)	haavoittunut	[hɑ:ʋojttunut]
prisioneiro (m) de guerra	sotavanki	[sotɑ·ʋɑŋki]

112. Guerra. Ações militares. Parte 1

guerra (f)	sota	[sotɑ]
guerrear (vt)	sotia	[sotiɑ]

guerra (f) civil	kansalaissota	[kansalajs·sota]
perfidamente	petollisesti	[petollisesti]
declaração (f) de guerra	sodanjulistus	[sodan·julistus]
declarar guerra	julistaa	[julista:]
agressão (f)	aggressio	[aggressio]
atacar (vt)	hyökätä	[hyøkætæ]
invadir (vt)	hyökätä	[hyøkætæ]
invasor (m)	hyökkääjä	[hyøkkæ:jæ]
conquistador (m)	valloittaja	[vallojttaja]
defesa (f)	puolustus	[puolustus]
defender (vt)	puolustaa	[puolusta:]
defender-se (vr)	puolustautua	[puolustautua]
inimigo (m)	vihollinen	[vihollinen]
adversário (m)	vastustaja	[vastustaja]
inimigo (adj)	vihollisen	[vihollisen]
estratégia (f)	strategia	[strategia]
tática (f)	taktiikka	[takti:kka]
ordem (f)	käsky	[kæsky]
comando (m)	komento	[komento]
ordenar (vt)	käskeä	[kæskeæ]
missão (f)	tehtävä	[tehtævæ]
secreto (adj)	salainen	[salajnen]
batalha (f), combate (m)	taistelu	[taistelu]
batalha (f)	kamppailu	[kamppajlu]
combate (m)	taistelu	[taistelu]
ataque (m)	hyökkäys	[hyøkkæys]
assalto (m)	rynnäkkö	[rynnækkø]
assaltar (vt)	rynnätä	[rynnætæ]
assédio, sítio (m)	piiritys	[pi:ritys]
ofensiva (f)	hyökkäys	[hyøkkæys]
tomar à ofensiva	hyökätä	[hyøkætæ]
retirada (f)	vetäytyminen	[vetæytyminen]
retirar-se (vr)	vetäytyä	[vetæytyæ]
cerco (m)	motti	[motti]
cercar (vt)	motittaa	[motitta:]
bombardeio (m)	pommitus	[pommitus]
lançar uma bomba	heittää pommi	[hejttæ: pommi]
bombardear (vt)	pommittaa	[pommitta:]
explosão (f)	räjähdys	[ræjæhdys]
tiro (m)	laukaus	[laukaus]
dar um tiro	laukaista	[laukajsta]
tiroteio (m)	ammunta	[ammunta]
apontar para ...	tähdätä	[tæhdætæ]
apontar (vt)	suunnata	[su:nnata]

acertar (vt)	osua	[osua]
afundar (~ um navio, etc.)	upottaa	[upotta:]
brecha (f)	aukko	[aukko]
afundar-se (vr)	upota	[upota]

frente (m)	rintama	[rintama]
evacuação (f)	evakuointi	[euakuojnti]
evacuar (vt)	evakuoida	[euakuojda]

trincheira (f)	taisteluhauta	[tajstelu·hauta]
arame (m) enfarpado	piikkilanka	[pi:kki·laŋka]
barreira (f) anti-tanque	este	[este]
torre (f) de vigia	torni	[torni]

hospital (m) militar	sotilassairaala	[sotilas·sajra:la]
ferir (vt)	haavoittaa	[ha:uojtta:]
ferida (f)	haava	[ha:ua]
ferido (m)	haavoittunut	[ha:uojttunut]
ficar ferido	haavoittua	[ha:uojttua]
grave (ferida ~)	vakava	[uakaua]

113. Guerra. Ações militares. Parte 2

cativeiro (m)	sotavankeus	[sotauaŋkeus]
capturar (vt)	ottaa vangiksi	[otta: uaŋiksi]
estar em cativeiro	olla sotavankeudessa	[olla sotauaŋkeudessa]
ser aprisionado	joutua sotavankeuteen	[joutua sotauaŋkeute:n]

campo (m) de concentração	keskitysleiri	[keskitys·lejri]
prisioneiro (m) de guerra	sotavanki	[sota·uaŋki]
escapar (vi)	karata	[karata]

trair (vt)	pettää	[pettæ:]
traidor (m)	pettäjä, petturi	[pettæjæ], [petturi]
traição (f)	petos	[petos]

fuzilar, executar (vt)	teloittaa ampumalla	[telojtta: ampumalla]
fuzilamento (m)	ampuminen	[ampuminen]

equipamento (m)	varustus	[uarustus]
insígnia (f) de ombro	epoletti	[epoletti]
máscara (f) de gás	kaasunaamari	[ka:su·na:mari]

rádio (m)	kenttäradio	[kenttæ·radio]
cifra (f), código (m)	salakirjoitus	[sala·kirjoitus]
conspiração (f)	salaileminen	[salajleminen]
senha (f)	tunnussana	[tunnus·sana]

mina (f)	miina	[mi:na]
minar (vt)	miinoittaa	[mi:nojtta:]
campo (m) minado	miinakenttä	[mi:na·kenttæ]

alarme (m) aéreo	ilmahälytys	[ilma·hælytys]
alarme (m)	hälytys	[hælytys]

sinal (m)	signaali	[signɑ:li]
sinalizador (m)	signaaliohjus	[signɑ:li·ohjus]

quartel-general (m)	esikunta	[esikuntɑ]
reconhecimento (m)	tiedustelu	[tiedustelu]
situação (f)	tilanne	[tilɑnne]
relatório (m)	raportti	[rɑportti]
emboscada (f)	väijytys	[ʋæjytys]
reforço (m)	vahvistus	[ʋɑhʋistus]

alvo (m)	maali	[mɑ:li]
campo (m) de tiro	ampuma-ala	[ɑmpumɑ·ɑlɑ]
manobras (f pl)	sotaharjoitus	[sotɑ·hɑrjoitus]

pânico (m)	paniikki	[pɑni:kki]
devastação (f)	hävitys	[hæʋitys]
ruínas (f pl)	hävitykset	[hæʋitykset]
destruir (vt)	hävittää	[hæʋittæ:]

sobreviver (vi)	jäädä eloon	[jæ:dæ elo:n]
desarmar (vt)	riisua aseista	[ri:suɑ ɑsejstɑ]
manusear (vt)	käyttää	[kæyttæ:]

Sentido!	Asento!	[ɑsento]
Descansar!	Lepo!	[lepo]

façanha (f)	urotyö	[urotyø]
juramento (m)	vala	[ʋɑlɑ]
jurar (vi)	vannoa	[ʋɑnnoɑ]

condecoração (f)	palkinto	[pɑlkinto]
condecorar (vt)	palkita	[pɑlkitɑ]
medalha (f)	mitali	[mitɑli]
ordem (f)	kunniamerkki	[kunniɑ·merkki]

vitória (f)	voitto	[ʋojtto]
derrota (f)	tappio	[tɑppio]
armistício (m)	välirauha	[ʋæli·rɑuhɑ]

bandeira (f)	standaari	[stɑndɑ:ri]
glória (f)	kunnia	[kunniɑ]
parada (f)	paraati	[pɑrɑ:ti]
marchar (vi)	marssia	[mɑrssiɑ]

114. Armas

arma (f)	ase	[ɑse]
arma (f) de fogo	ampuma-ase	[ɑmpumɑ·ɑse]
arma (f) branca	teräase	[teræɑse]

arma (f) química	kemiallinen ase	[kemiɑllinen ɑse]
nuclear (adj)	ydin-	[ydin]
arma (f) nuclear	ydinase	[ydin·ɑse]
bomba (f)	pommi	[pommi]

bomba (f) atômica	ydinpommi	[ydin·pommi]
pistola (f)	pistooli	[pisto:li]
rifle (m)	kivääri	[kiʋæ:ri]
semi-automática (f)	konepistooli	[kone·pisto:li]
metralhadora (f)	konekivääri	[kone·kiʋæ:ri]
boca (f)	suu	[su:]
cano (m)	piippu	[pi:ppu]
calibre (m)	kaliiperi	[kali:peri]
gatilho (m)	liipaisin	[li:pɑjsin]
mira (f)	tähtäin	[tæhtæjn]
carregador (m)	lipas	[lipɑs]
coronha (f)	perä	[peræ]
granada (f) de mão	käsikranaatti	[kæsi·krɑnɑ:tti]
explosivo (m)	räjähdysaine	[ræjæhdys·ɑjne]
bala (f)	luoti	[luoti]
cartucho (m)	patruuna	[pɑtru:nɑ]
carga (f)	panos	[pɑnos]
munições (f pl)	ampumatarvikkeet	[ɑmpumɑ·tɑrʋikke:t]
bombardeiro (m)	pommikone	[pommi·kone]
avião (m) de caça	hävittäjä	[hæʋittæjæ]
helicóptero (m)	helikopteri	[helikopteri]
canhão (m) antiaéreo	ilmatorjuntatykki	[ilmɑtorjuntɑ·tykki]
tanque (m)	panssarivaunu	[pɑnssɑri·ʋɑunu]
canhão (de um tanque)	tykki	[tykki]
artilharia (f)	tykistö	[tykistø]
canhão (m)	tykki	[tykki]
fazer a pontaria	suunnata	[su:nnɑtɑ]
projétil (m)	ammus	[ɑmmus]
granada (f) de morteiro	kranaatti	[krɑnɑ:tti]
morteiro (m)	kranaatinheitin	[krɑnɑ:tin·hejtin]
estilhaço (m)	sirpale	[sirpɑle]
submarino (m)	sukellusvene	[sukellus·ʋene]
torpedo (m)	torpedo	[torpedo]
míssil (m)	raketti	[rɑketti]
carregar (uma arma)	ladata	[lɑdɑtɑ]
disparar, atirar (vi)	ampua	[ɑmpuɑ]
apontar para ...	tähdätä	[tæhdætæ]
baioneta (f)	pistin	[pistin]
espada (f)	pistomiekka	[pisto·miekkɑ]
sabre (m)	sapeli	[sɑpeli]
lança (f)	keihäs	[kejhæs]
arco (m)	jousi	[jousi]
flecha (f)	nuoli	[nuoli]
mosquete (m)	musketti	[musketti]
besta (f)	jalkajousi	[jɑlkɑ·jousi]

115. Povos da antiguidade

primitivo (adj)	alkukantainen	[alkukantajnen]
pré-histórico (adj)	esihistoriallinen	[esihistoriallinen]
antigo (adj)	muinainen	[mujnajnen]

Idade (f) da Pedra	kivikausi	[kiʋi·kausi]
Idade (f) do Bronze	pronssikausi	[pronssi·kausi]
Era (f) do Gelo	jääkausi	[jæ:kausi]

tribo (f)	heimo	[hejmo]
canibal (m)	ihmissyöjä	[ihmis·syøjæ]
caçador (m)	metsästäjä	[metsæstæjæ]
caçar (vi)	metsästää	[metsæstæ:]
mamute (m)	mammutti	[mammutti]

caverna (f)	luola	[luola]
fogo (m)	tuli	[tuli]
fogueira (f)	nuotio	[nuotio]
pintura (f) rupestre	kalliomaalaus	[kallio·ma:laus]

ferramenta (f)	työväline	[tyø·ʋæline]
lança (f)	keihäs	[kejhæs]
machado (m) de pedra	kivikirves	[kiʋi·kirʋes]
guerrear (vt)	sotia	[sotia]
domesticar (vt)	kesyttää	[kesyttæ:]

ídolo (m)	epäjumala	[epæ·jumala]
adorar, venerar (vt)	palvoa	[palʋoa]
superstição (f)	taikausko	[tajka·usko]
ritual (m)	riitti	[ri:tti]

evolução (f)	evoluutio	[eʋolu:tio]
desenvolvimento (m)	kehitys	[kehitys]
extinção (f)	katoaminen	[katoaminen]
adaptar-se (vr)	sopeutua	[sopeutua]

arqueologia (f)	arkeologia	[arkeologia]
arqueólogo (m)	arkeologi	[arkeologi]
arqueológico (adj)	muinaistieteellinen	[mujnajs·tiete:llinen]

escavação (sítio)	kaivauskohde	[kajʋaus·kohde]
escavações (f pl)	kaivaus	[kajʋaus]
achado (m)	löytö	[løytø]
fragmento (m)	katkelma	[katkelma]

116. Idade média

povo (m)	kansa	[kansa]
povos (m pl)	kansat	[kansat]
tribo (f)	heimo	[hejmo]
tribos (f pl)	heimot	[hejmot]
bárbaros (pl)	barbaarit	[barba:rit]

galeses (pl)	gallialaiset	[gallialajset]
godos (pl)	gootit	[goːtit]
eslavos (pl)	slaavit	[slaːʋit]
viquingues (pl)	viikingit	[ʋiːkiŋit]

| romanos (pl) | roomalaiset | [roːmalajset] |
| romano (adj) | roomalainen | [roːmalajnen] |

bizantinos (pl)	bysanttilaiset	[bysanttilajset]
Bizâncio	Bysantti	[bysantti]
bizantino (adj)	bysanttilainen	[bysanttilajnen]

imperador (m)	keisari	[kejsari]
líder (m)	päällikkö	[pæːllikkø]
poderoso (adj)	voimakas	[ʋojmakas]
rei (m)	kuningas	[kuniŋas]
governante (m)	hallitsija	[hallitsija]

cavaleiro (m)	ritari	[ritari]
senhor feudal (m)	feodaaliherra	[feodaːli·herra]
feudal (adj)	feodaali-	[feodaːli]
vassalo (m)	vasalli	[ʋasalli]

duque (m)	herttua	[herttua]
conde (m)	jaarli	[jaːrli]
barão (m)	paroni	[paroni]
bispo (m)	piispa	[piːspa]

armadura (f)	haarniska	[haːrniska]
escudo (m)	kilpi	[kilpi]
espada (f)	miekka	[miekka]
viseira (f)	visiiri	[ʋisiːri]
cota (f) de malha	silmukkapanssari	[silmukka·panssari]

| cruzada (f) | ristiretki | [risti·retki] |
| cruzado (m) | ristiretkeläinen | [ristiretke·læjnen] |

território (m)	alue	[alue]
atacar (vt)	hyökätä	[hyøkætæ]
conquistar (vt)	valloittaa	[ʋallojttaː]
ocupar, invadir (vt)	miehittää	[miehittæː]

assédio, sítio (m)	piiritys	[piːritys]
sitiado (adj)	piiritetty	[piːritetty]
assediar, sitiar (vt)	piirittää	[piːrittæː]

inquisição (f)	inkvisitio	[iŋkʋisitio]
inquisidor (m)	inkvisiittori	[iŋkʋisiːttori]
tortura (f)	kidutus	[kidutus]
cruel (adj)	julma	[julma]
herege (m)	harhaoppinen	[harhaoppinen]
heresia (f)	harhaoppi	[harha·oppi]

navegação (f) marítima	merenkulku	[mereŋ·kulku]
pirata (m)	merirosvo	[meri·rosʋo]
pirataria (f)	merirosvous	[meri·rosʋous]

abordagem (f)	entraus	[entraus]
presa (f), butim (m)	saalis	[saːlis]
tesouros (m pl)	aarteet	[aːrteːt]

descobrimento (m)	löytö	[løytø]
descobrir (novas terras)	avata	[auata]
expedição (f)	retki	[retki]

mosqueteiro (m)	muskettisoturi	[musketti·soturi]
cardeal (m)	kardinaali	[kardinaːli]
heráldica (f)	heraldiikka	[heraldiːkka]
heráldico (adj)	heraldinen	[heraldinen]

117. Líder. Chefe. Autoridades

rei (m)	kuningas	[kuniŋas]
rainha (f)	kuningatar	[kuniŋatar]
real (adj)	kuningas-	[kuniŋas]
reino (m)	kuningaskunta	[kuniŋas·kunta]

príncipe (m)	prinssi	[prinssi]
princesa (f)	prinsessa	[prinsessa]

presidente (m)	presidentti	[presidentti]
vice-presidente (m)	varapresidentti	[uara·presidentti]
senador (m)	senaattori	[senaːttori]

monarca (m)	monarkki	[monarkki]
governante (m)	hallitsija	[hallitsija]
ditador (m)	diktaattori	[diktaːttori]
tirano (m)	tyranni	[tyranni]
magnata (m)	magnaatti	[magnaːtti]

diretor (m)	johtaja	[johtaja]
chefe (m)	esimies	[esimies]
gerente (m)	johtaja	[johtaja]
patrão (m)	pomo	[pomo]
dono (m)	omistaja	[omistaja]

líder (m)	johtaja	[johtaja]
chefe (m)	johtaja	[johtaja]
autoridades (f pl)	viranomaiset	[uiranomajset]
superiores (m pl)	esimiehet	[esimiehet]

governador (m)	kuvernööri	[kuuernø:ri]
cônsul (m)	konsuli	[konsuli]
diplomata (m)	diplomaatti	[diplomaːtti]
Presidente (m) da Câmara	kaupunginjohtaja	[kaupuŋin·johtaja]
xerife (m)	seriffi	[seriffi]

imperador (m)	keisari	[kejsari]
czar (m)	tsaari	[tsaːri]
faraó (m)	farao	[farao]
cã, khan (m)	kaani	[kaːni]

118. Violação da lei. Criminosos. Parte 1

bandido (m)	rosvo	[rosʋo]
crime (m)	rikos	[rikos]
criminoso (m)	rikollinen	[rikollinen]
ladrão (m)	varas	[ʋaras]
roubar (vt)	varastaa	[ʋarasta:]
furto, roubo (m)	varkaus	[ʋarkaus]
furto (m)	varkaus	[ʋarkaus]
raptar, sequestrar (vt)	kidnapata	[kidnapata]
sequestro (m)	ihmisryöstö	[ihmis·ryøstø]
sequestrador (m)	ihmisryöstäjä	[ihmis·ryøstæjæ]
resgate (m)	lunnaat	[lunna:t]
pedir resgate	vaatia lunnaat	[ʋa:tia lunna:t]
roubar (vt)	ryöstää	[ryøstæ:]
assalto, roubo (m)	ryöstö	[ryøstø]
assaltante (m)	ryöstäjä	[ryøstæjæ]
extorquir (vt)	kiristää	[kiristæ:]
extorsionário (m)	kiristäjä	[kiristæjæ]
extorsão (f)	kiristys	[kiristys]
matar, assassinar (vt)	murhata	[murhata]
homicídio (m)	murha	[murha]
homicida, assassino (m)	murhaaja	[murha:ja]
tiro (m)	laukaus	[laukaus]
dar um tiro	laukaista	[laukajsta]
matar a tiro	ampua alas	[ampua alas]
disparar, atirar (vi)	ampua	[ampua]
tiroteio (m)	ammunta	[ammunta]
incidente (m)	tapahtuma	[tapahtuma]
briga (~ de rua)	tappelu	[tappelu]
vítima (f)	uhri	[uhri]
danificar (vt)	vaurioittaa	[ʋauriojtta:]
dano (m)	vahinko	[ʋahiŋko]
cadáver (m)	ruumis	[ru:mis]
grave (adj)	törkeä	[tørkeæ]
atacar (vt)	hyökätä	[hyøkætæ]
bater (espancar)	lyödä	[lyødæ]
espancar (vt)	hakata	[hakata]
tirar, roubar (dinheiro)	rosvota	[rosʋota]
esfaquear (vt)	puukottaa	[pu:kotta:]
mutilar (vt)	vammauttaa	[ʋammautta:]
ferir (vt)	haavoittaa	[ha:ʋojtta:]
chantagem (f)	kiristys	[kiristys]
chantagear (vt)	kiristää	[kiristæ:]

chantagista (m)	kiristäjä	[kiristæjæ]
extorsão (f)	suojelurahan kiristys	[suojelurahan kiristys]
extorsionário (m)	kiristäjä	[kiristæjæ]
gângster (m)	gangsteri	[gaŋsteri]
máfia (f)	mafia	[mafia]

punguista (m)	taskuvaras	[tasku·varas]
assaltante, ladrão (m)	murtovaras	[murto·varas]
contrabando (m)	salakuljetus	[sala·kuljetus]
contrabandista (m)	salakuljettaja	[sala·kuljettaja]

falsificação (f)	väärennös	[væ:rennøs]
falsificar (vt)	väärentää	[væ:rentæ:]
falsificado (adj)	väärennetty	[væ:rennetty]

119. Violação da lei. Criminosos. Parte 2

estupro (m)	raiskaus	[rajskaus]
estuprar (vt)	raiskata	[rajskata]
estuprador (m)	raiskaaja	[rajska:ja]
maníaco (m)	maanikko	[ma:nikko]

prostituta (f)	prostituoitu	[prostituojtu]
prostituição (f)	prostituutio	[prostitu:tio]
cafetão (m)	sutenööri	[sutenø:ri]

drogado (m)	narkomaani	[narkoma:ni]
traficante (m)	huumekauppias	[hu:me·kauppias]

explodir (vt)	räjäyttää	[ræjæyttæ:]
explosão (f)	räjähdys	[ræjæhdys]
incendiar (vt)	sytyttää	[sytyttæ:]
incendiário (m)	tuhopolttaja	[tuho·polttaja]

terrorismo (m)	terrorismi	[terrorismi]
terrorista (m)	terroristi	[terroristi]
refém (m)	panttivanki	[pantti·vaŋki]

enganar (vt)	pettää	[pettæ:]
engano (m)	petos	[petos]
vigarista (m)	huijari	[huijari]

subornar (vt)	lahjoa	[lahjoa]
suborno (atividade)	lahjonta	[lahjonta]
suborno (dinheiro)	lahjus	[lahjus]

veneno (m)	myrkky	[myrkky]
envenenar (vt)	myrkyttää	[myrkyttæ:]
envenenar-se (vr)	myrkyttää itsensä	[myrkyttæ: itsensa]

suicídio (m)	itsemurha	[itse·murha]
suicida (m)	itsemurhaaja	[itse·murha:ja]
ameaçar (vt)	uhata	[uhata]
ameaça (f)	uhkaus	[uhkaus]

115

| atentar contra a vida de ... | tehdä murhayritys | [tehdæ murhayritys] |
| atentado (m) | murhayritys | [murha·yritys] |

| roubar (um carro) | viedä | [ʋiedæ] |
| sequestrar (um avião) | kaapata | [ka:pata] |

| vingança (f) | kosto | [kosto] |
| vingar (vt) | kostaa | [kosta:] |

torturar (vt)	kiduttaa	[kidutta:]
tortura (f)	kidutus	[kidutus]
atormentar (vt)	piinata	[pi:nata]

pirata (m)	merirosvo	[meri·rosʋo]
desordeiro (m)	huligaani	[huliga:ni]
armado (adj)	aseellinen	[ase:llinen]
violência (f)	väkivalta	[ʋækiʋalta]
ilegal (adj)	laiton	[lajton]

| espionagem (f) | vakoilu | [ʋakojlu] |
| espionar (vi) | vakoilla | [ʋakojlla] |

120. Polícia. Lei. Parte 1

| justiça (sistema de ~) | oikeus | [ojkeus] |
| tribunal (m) | tuomioistuin | [tuomiojstuin] |

juiz (m)	tuomari	[tuomari]
jurados (m pl)	valamiehistö	[ʋalamie·histø]
tribunal (m) do júri	valamiesoikeus	[ʋalamies·ojkeus]
julgar (vt)	tuomita	[tuomita]

advogado (m)	asianajaja	[asianajaja]
réu (m)	syytetty	[sy:tetty]
banco (m) dos réus	syytettyjen penkki	[sy:tettyjen peŋkki]

| acusação (f) | syyte | [sy:te] |
| acusado (m) | syytetty | [sy:tetty] |

| sentença (f) | tuomio | [tuomio] |
| sentenciar (vt) | tuomita | [tuomita] |

culpado (m)	syypää	[sy:pæ:]
punir (vt)	rangaista	[raŋajsta]
punição (f)	rangaistus	[raŋajstus]

multa (f)	sakko	[sakko]
prisão (f) perpétua	elinkautinen vankeustuomio	[eliŋkautinen ʋaŋkeus·tuomio]
pena (f) de morte	kuolemanrangaistus	[kuoleman·raŋajstus]
cadeira (f) elétrica	sähkötuoli	[sæhkø·tuoli]
forca (f)	hirsipuu	[hirsipu:]
executar (vt)	teloittaa	[telojtta:]
execução (f)	teloitus	[telojtus]

| prisão (f) | vankila | [ʋaŋkila] |
| cela (f) de prisão | selli | [selli] |

escolta (f)	saattovartio	[sɑːttoˑʋartio]
guarda (m) prisional	vanginvartija	[ʋaŋinˑʋartija]
preso, prisioneiro (m)	vanki	[ʋaŋki]

| algemas (f pl) | käsiraudat | [kæsiˑraudat] |
| algemar (vt) | panna käsirautoihin | [panna kæsiˑrautojhin] |

fuga, evasão (f)	karkaus	[karkaus]
fugir (vi)	karata	[karata]
desaparecer (vi)	kadota	[kadota]
soltar, libertar (vt)	vapauttaa	[ʋapauttaː]
anistia (f)	armahdus	[armahdus]

polícia (instituição)	poliisi	[poliːsi]
polícia (m)	poliisi	[poliːsi]
delegacia (f) de polícia	poliisiasema	[poliːsiˑasema]
cassetete (m)	kumipamppu	[kumiˑpamppu]
megafone (m)	megafoni	[megafoni]

carro (m) de patrulha	vartioauto	[ʋartioˑauto]
sirene (f)	sireeni	[sireːni]
ligar a sirene	käynnistää sireeni	[kæynnistæː sireːni]
toque (m) da sirene	sireenin ulvonta	[sireːnin ulʋonta]

cena (f) do crime	tapahtumapaikka	[tapahtumaˑpajkka]
testemunha (f)	todistaja	[todistaja]
liberdade (f)	vapaus	[ʋapaus]
cúmplice (m)	rikoskumppani	[rikosˑkumppani]
escapar (vi)	paeta	[paeta]
traço (não deixar ~s)	jälki	[jælki]

121. Polícia. Lei. Parte 2

procura (f)	etsintä	[etsintæ]
procurar (vt)	etsiä	[etsiæ]
suspeita (f)	epäily	[epæjly]
suspeito (adj)	epäilyttävä	[epæjlyttæʋæ]
parar (veículo, etc.)	pysäyttää	[pysæyttæː]
deter (fazer parar)	pidättää	[pidættæː]

caso (~ criminal)	asia	[asia]
investigação (f)	tutkinta	[tutkinta]
detetive (m)	etsivä	[etsiʋæ]
investigador (m)	rikostutkija	[rikosˑtutkija]
versão (f)	hypoteesi	[hypoteːsi]

motivo (m)	motiivi	[motiːʋi]
interrogatório (m)	kuulustelu	[kuːlustelu]
interrogar (vt)	kuulustella	[kuːlustella]
questionar (vt)	kuulustella	[kuːlustella]
verificação (f)	tarkastus	[tarkastus]

batida (f) policial	ratsia	[ratsia]
busca (f)	etsintä	[etsintæ]
perseguição (f)	takaa-ajo	[taka:ajo]
perseguir (vt)	ajaa takaa	[aja: taka:]
seguir, rastrear (vt)	jäljittää	[jæljittæ:]

prisão (f)	vangitseminen	[ʋaŋitseminen]
prender (vt)	vangita	[ʋaŋita]
pegar, capturar (vt)	ottaa kiinni	[otta: ki:nni]
captura (f)	vangitseminen	[ʋaŋitseminen]

documento (m)	asiakirja	[asia·kirja]
prova (f)	todiste	[todiste]
provar (vt)	todistaa	[todista:]
pegada (f)	jalanjälki	[jalan·jælki]
impressões (f pl) digitais	sormenjäljet	[sormen·jæljet]
prova (f)	todiste	[todiste]

álibi (m)	alibi	[alibi]
inocente (adj)	syytön	[sy:tøn]
injustiça (f)	epäoikeudenmukaisuus	[epæojkeuden·mukajsu:s]
injusto (adj)	epäoikeudenmukainen	[epæojkeuden·mukajnen]

criminal (adj)	rikollinen	[rikollinen]
confiscar (vt)	takavarikoida	[takaʋarikojda]
droga (f)	huume	[hu:me]
arma (f)	ase	[ase]
desarmar (vt)	riisua aseista	[ri:sua asejsta]
ordenar (vt)	käskeä	[kæskeæ]
desaparecer (vi)	kadota	[kadota]

lei (f)	laki	[laki]
legal (adj)	laillinen	[lajllinen]
ilegal (adj)	laiton	[lajton]

responsabilidade (f)	vastuu	[ʋastu:]
responsável (adj)	vastuunalainen	[ʋastu:nalajnen]

NATUREZA

A Terra. Parte 1

122. Espaço sideral

espaço, cosmo (m)	avaruus	[aʋaru:s]
espacial, cósmico (adj)	avaruus-	[aʋaru:s]
espaço (m) cósmico	avaruus	[aʋaru:s]
mundo (m)	maailma	[ma:jlma]
universo (m)	maailmankaikkeus	[ma:ilman·kajkkeus]
galáxia (f)	galaksi	[galaksi]
estrela (f)	tähti	[tæhti]
constelação (f)	tähtikuvio	[tæhti·kuʋio]
planeta (m)	planeetta	[plane:tta]
satélite (m)	satelliitti	[satelli:tti]
meteorito (m)	meteoriitti	[meteori:tti]
cometa (m)	pyrstötähti	[pyrstø·tæhti]
asteroide (m)	asteroidi	[asterojdi]
órbita (f)	kiertorata	[kierto·rata]
girar (vi)	kiertää	[kærtæ:]
atmosfera (f)	ilmakehä	[ilmakeɦæ]
Sol (m)	Aurinko	[auriŋko]
Sistema (m) Solar	Aurinkokunta	[auriŋko·kunta]
eclipse (m) solar	auringonpimennys	[auriŋon·pimeŋys]
Terra (f)	Maa	[ma:]
Lua (f)	Kuu	[ku:]
Marte (m)	Mars	[mars]
Vênus (f)	Venus	[ʋenus]
Júpiter (m)	Jupiter	[jupiter]
Saturno (m)	Saturnus	[saturnus]
Mercúrio (m)	Merkurius	[merkurius]
Urano (m)	Uranus	[uranus]
Netuno (m)	Neptunus	[neptunus]
Plutão (m)	Pluto	[pluto]
Via Láctea (f)	Linnunrata	[linnun·rata]
Ursa Maior (f)	Otava	[otaʋa]
Estrela Polar (f)	Pohjantähti	[pohjan·tæhti]
marciano (m)	marsilainen	[marsilajnen]
extraterrestre (m)	avaruusolio	[aʋaru:soljo]

alienígena (m)	avaruusolento	[ɑvɑru:s·olento]
disco (m) voador	lentävä lautanen	[lentæʋæ lautanen]
espaçonave (f)	avaruusalus	[ɑvɑru:s·ɑlus]
estação (f) orbital	avaruusasema	[ɑvɑru:s·ɑsemɑ]
lançamento (m)	startti	[stɑrtti]
motor (m)	moottori	[mo:ttori]
bocal (m)	suutin	[su:tin]
combustível (m)	polttoaine	[poltto·ɑjne]
cabine (f)	ohjaamo	[ohjɑ:mo]
antena (f)	antenni	[ɑntenni]
vigia (f)	valoventtiili	[ʋɑloʋentti:li]
bateria (f) solar	aurinkokennosto	[auriŋko·keŋosto]
traje (m) espacial	avaruuspuku	[ɑvɑru:s·puku]
imponderabilidade (f)	painottomuus	[pɑjnottomu:s]
oxigênio (m)	happi	[hɑppi]
acoplagem (f)	telakointi	[telɑkojnti]
fazer uma acoplagem	tehdä telakointi	[tehdæ telɑkojnti]
observatório (m)	observatorio	[obserʋɑtorio]
telescópio (m)	teleskooppi	[telesko:ppi]
observar (vt)	tarkkailla	[tɑrkkɑjllɑ]
explorar (vt)	tutkia	[tutkiɑ]

123. A Terra

Terra (f)	Maa	[mɑ:]
globo terrestre (Terra)	maapallo	[mɑ:pallo]
planeta (m)	planeetta	[plɑne:ttɑ]
atmosfera (f)	ilmakehä	[ilmɑkeħæ]
geografia (f)	maantiede	[mɑ:n·tiede]
natureza (f)	luonto	[luonto]
globo (mapa esférico)	karttapallo	[kɑrttɑ·pallo]
mapa (m)	kartta	[kɑrttɑ]
atlas (m)	atlas	[ɑtlɑs]
Europa (f)	Eurooppa	[euro:ppɑ]
Ásia (f)	Aasia	[ɑ:siɑ]
África (f)	Afrikka	[ɑfrikkɑ]
Austrália (f)	Australia	[ɑustrɑliɑ]
América (f)	Amerikka	[ɑmerikkɑ]
América (f) do Norte	Pohjois-Amerikka	[pohjois·ɑmerikkɑ]
América (f) do Sul	Etelä-Amerikka	[etelæ·ɑmerikkɑ]
Antártida (f)	Etelämanner	[etelæmɑnner]
Ártico (m)	Arktis	[ɑrktis]

124. Pontos cardeais

norte (m)	pohjola	[pohjola]
para norte	pohjoiseen	[pohjoise:n]
no norte	pohjoisessa	[pohjoisessa]
do norte (adj)	pohjois-, pohjoinen	[pohjois], [pohjoinen]
sul (m)	etelä	[etelæ]
para sul	etelään	[etelæ:n]
no sul	etelässä	[etelæssæ]
do sul (adj)	etelä-, eteläinen	[etelæ], [etelæjnen]
oeste, ocidente (m)	länsi	[lænsi]
para oeste	länteen	[lænte:n]
no oeste	lännessä	[lænnessæ]
ocidental (adj)	länsi-, läntinen	[lænsi], [læntinen]
leste, oriente (m)	itä	[itæ]
para leste	itään	[itæ:n]
no leste	idässä	[idæssæ]
oriental (adj)	itä-, itäinen	[itæ], [itæjnen]

125. Mar. Oceano

mar (m)	meri	[meri]
oceano (m)	valtameri	[ualta·meri]
golfo (m)	lahti	[lahti]
estreito (m)	salmi	[salmi]
terra (f) firme	maa	[ma:]
continente (m)	manner	[manner]
ilha (f)	saari	[sa:ri]
península (f)	niemimaa	[niemi·ma:]
arquipélago (m)	saaristo	[sa:risto]
baía (f)	lahti, poukama	[lahti], [poukama]
porto (m)	satama	[satama]
lagoa (f)	laguuni	[lagu:ni]
cabo (m)	niemi	[niemi]
atol (m)	atolli	[atolli]
recife (m)	riutta	[riutta]
coral (m)	koralli	[koralli]
recife (m) de coral	koralliriutta	[koralli·riutta]
profundo (adj)	syvä	[syuæ]
profundidade (f)	syvyys	[syuy:s]
abismo (m)	syvänne	[syuænne]
fossa (f) oceânica	hauta	[hauta]
corrente (f)	virta	[uirta]
banhar (vt)	huuhdella	[hu:hdella]
litoral (m)	merenranta	[meren·ranta]

costa (f)	rannikko	[rannikko]
maré (f) alta	vuoksi	[ʋuoksi]
refluxo (m)	laskuvesi	[lɑsku·ʋesi]
restinga (f)	matalikko	[mɑtɑlikko]
fundo (m)	pohja	[pohjɑ]

onda (f)	aalto	[ɑːlto]
crista (f) da onda	aallonharja	[ɑːllon·hɑrjɑ]
espuma (f)	vaahto	[ʋɑːhto]

tempestade (f)	myrsky	[myrsky]
furacão (m)	hirmumyrsky	[hirmu·myrsky]
tsunami (m)	tsunami	[tsunɑmi]
calmaria (f)	tyyni	[tyːyni]
calmo (adj)	rauhallinen	[rɑuhɑllinen]

polo (m)	napa	[nɑpɑ]
polar (adj)	napa-, polaarinen	[nɑpɑ], [polɑːrinen]

latitude (f)	leveyspiiri	[leʋeys·piːri]
longitude (f)	pituus	[pituːs]
paralela (f)	leveyspiiri	[leʋeys·piːri]
equador (m)	päiväntasaaja	[pæjʋæn·tɑsɑːjɑ]

céu (m)	taivas	[tɑjʋɑs]
horizonte (m)	horisontti	[horisontti]
ar (m)	ilma	[ilmɑ]

farol (m)	majakka	[mɑjɑkkɑ]
mergulhar (vi)	sukeltaa	[sukeltɑː]
afundar-se (vr)	upota	[upotɑ]
tesouros (m pl)	aarteet	[ɑːrteːt]

126. Nomes de Mares e Oceanos

Oceano (m) Atlântico	Atlantin valtameri	[ɑtlɑntin ʋɑltɑ meri]
Oceano (m) Índico	Intian valtameri	[intiɑn ʋɑltɑ·meri]
Oceano (m) Pacífico	Tyynimeri	[tyːni·meri]
Oceano (m) Ártico	Pohjoinen jäämeri	[pohjoinen jæːmeri]

Mar (m) Negro	Mustameri	[mustɑ·meri]
Mar (m) Vermelho	Punainenmeri	[punɑjnen·meri]
Mar (m) Amarelo	Keltainenmeri	[keltɑjnen·meri]
Mar (m) Branco	Vienanmeri	[ʋjenɑn·meri]

Mar (m) Cáspio	Kaspianmeri	[kɑspiɑn·meri]
Mar (m) Morto	Kuollutmeri	[kuollut·meri]
Mar (m) Mediterrâneo	Välimeri	[ʋæli·meri]

Mar (m) Egeu	Egeanmeri	[egeɑn·meri]
Mar (m) Adriático	Adrianmeri	[ɑdriɑn·meri]

Mar (m) Arábico	Arabianmeri	[ɑrɑbiɑn·meri]
Mar (m) do Japão	Japaninmeri	[jɑpɑnin·meri]

Mar (m) de Bering	Beringinmeri	[beriŋin·meri]
Mar (m) da China Meridional	Etelä-Kiinan meri	[etelæ·ki:nɑn meri]
Mar (m) de Coral	Korallimeri	[korɑlli·meri]
Mar (m) de Tasman	Tasmaninmeri	[tɑsmɑnin·meri]
Mar (m) do Caribe	Karibianmeri	[kɑribiɑn·meri]
Mar (m) de Barents	Barentsinmeri	[bɑrentsin·meri]
Mar (m) de Kara	Karanmeri	[kɑrɑn·meri]
Mar (m) do Norte	Pohjanmeri	[pohjɑn·meri]
Mar (m) Báltico	Itämeri	[itæ·meri]
Mar (m) da Noruega	Norjanmeri	[norjɑn·meri]

127. Montanhas

montanha (f)	vuori	[ʋuori]
cordilheira (f)	vuorijono	[ʋuori·jono]
serra (f)	vuorenharjanne	[ʋuoren·hɑrjɑnne]
cume (m)	huippu	[hujppu]
pico (m)	vuorenhuippu	[ʋuoren·hujppu]
pé (m)	juuri	[ju:ri]
declive (m)	rinne	[rinne]
vulcão (m)	tulivuori	[tuli·ʋuori]
vulcão (m) ativo	toimiva tulivuori	[tojmiʋɑ tuli·ʋuori]
vulcão (m) extinto	sammunut tulivuori	[sɑmmunut tuli·ʋuori]
erupção (f)	purkaus	[purkɑus]
cratera (f)	kraatteri	[krɑ:teri]
magma (m)	magma	[mɑgmɑ]
lava (f)	laava	[lɑ:ʋɑ]
fundido (lava ~a)	sulaa, hehkuva	[sulɑ:], [hehkuʋɑ]
cânion, desfiladeiro (m)	kanjoni	[kɑnjoni]
garganta (f)	rotko	[rotko]
fenda (f)	halkeama	[hɑlkeɑmɑ]
precipício (m)	kuilu	[kujlu]
passo, colo (m)	sola	[solɑ]
planalto (m)	ylätasanko	[ylæ·tɑsɑŋko]
falésia (f)	kalju	[kɑlju]
colina (f)	mäki	[mæki]
geleira (f)	jäätikkö	[jæ:tikkø]
cachoeira (f)	vesiputous	[ʋesi·putous]
gêiser (m)	geisir	[gejsir]
lago (m)	järvi	[jærʋi]
planície (f)	tasanko	[tɑsɑŋko]
paisagem (f)	maisema	[mɑjsemɑ]
eco (m)	kaiku	[kɑjku]
alpinista (m)	vuorikiipeilijä	[ʋuori·ki:pejlijæ]

escalador (m)	vuorikiipeilijä	[ʋuori·ki:pejlijæ]
conquistar (vt)	valloittaa	[ʋallojtta:]
subida, escalada (f)	nousu	[nousu]

128. Nomes de montanhas

Alpes (m pl)	Alpit	[ɑlpit]
Monte Branco (m)	Mont Blanc	[monblɑŋ]
Pirineus (m pl)	Pyreneet	[pyrine:t]

Cárpatos (m pl)	Karpaatit	[kɑrpɑ:tit]
Urais (m pl)	Ural	[urɑl]
Cáucaso (m)	Kaukasus	[kɑukɑsus]
Elbrus (m)	Elbrus	[elbrus]

Altai (m)	Altai	[ɑltɑj]
Tian Shan (m)	Tienšan	[tien·ʃɑn]
Pamir (m)	Pamir	[pɑmir]
Himalaia (m)	Himalaja	[himɑlɑjɑ]
monte Everest (m)	Mount Everest	[mɑunt eʋerest]

| Cordilheira (f) dos Andes | Andit | [ɑndit] |
| Kilimanjaro (m) | Kilimanjaro | [kilimɑnjɑro] |

129. Rios

rio (m)	joki	[joki]
fonte, nascente (f)	lähde	[læhde]
leito (m) de rio	uoma	[uomɑ]
bacia (f)	joen vesistö	[joen ʋesistø]
desaguar no ...	laskea	[lɑskeɑ]

| afluente (m) | sivujoki | [siʋu·joki] |
| margem (do rio) | ranta | [rɑntɑ] |

corrente (f)	virta	[ʋirtɑ]
rio abaixo	myötävirtaan	[myøtæʋirtɑ:n]
rio acima	ylävirtaan	[ylæ·ʋirtɑ:n]

inundação (f)	tulva	[tulʋɑ]
cheia (f)	kevättulva	[keʋæt·tulʋɑ]
transbordar (vi)	tulvia	[tulʋiɑ]
inundar (vt)	upottaa	[upottɑ:]

| banco (m) de areia | matalikko | [mɑtɑlikko] |
| corredeira (f) | koski | [koski] |

barragem (f)	pato	[pɑto]
canal (m)	kanava	[kɑnɑʋɑ]
reservatório (m) de água	vedensäiliö	[ʋeden·sæjliø]
eclusa (f)	sulku	[sulku]
corpo (m) de água	vesistö	[ʋesistø]

pântano (m)	suo	[suo]
lamaçal (m)	hete	[hete]
redemoinho (m)	vesipyörre	[ʋesi·pyørre]

riacho (m)	puro	[puro]
potável (adj)	juoma-	[yomɑ]
doce (água)	makea	[mɑkeɑ]

| gelo (m) | jää | [jæ:] |
| congelar-se (vr) | jäätyä | [jæ:tyæ] |

130. Nomes de rios

| rio Sena (m) | Seine | [sen] |
| rio Loire (m) | Loire | [luɑ:r] |

rio Tâmisa (m)	Thames	[tæms]
rio Reno (m)	Rein	[rejn]
rio Danúbio (m)	Tonava	[tonɑʋɑ]

rio Volga (m)	Volga	[ʋolgɑ]
rio Don (m)	Don	[don]
rio Lena (m)	Lena	[lenɑ]

rio Amarelo (m)	Keltainenjoki	[keltɑjnen·joki]
rio Yangtzé (m)	Jangtse	[jɑŋtse]
rio Mekong (m)	Mekong	[mekoŋ]
rio Ganges (m)	Ganges	[gɑŋes]

rio Nilo (m)	Niili	[ni:li]
rio Congo (m)	Kongo	[koŋo]
rio Cubango (m)	Okavango	[okɑʋɑŋo]
rio Zambeze (m)	Sambesi	[sɑmbesi]
rio Limpopo (m)	Limpopo	[limpopo]
rio Mississippi (m)	Mississippi	[mississippi]

131. Floresta

| floresta (f), bosque (m) | metsä | [metsæ] |
| florestal (adj) | metsä- | [metsæ] |

mata (f) fechada	tiheikkö	[tiɦejkkø]
arvoredo (m)	lehto	[lehto]
clareira (f)	aho	[ɑɦo]

| matagal (m) | tiheikkö | [tiɦejkkø] |
| mato (m), caatinga (f) | pensasaro | [pensɑs·ɑro] |

pequena trilha (f)	polku	[polku]
ravina (f)	rotko	[rotko]
árvore (f)	puu	[pu:]
folha (f)	lehti	[lehti]

folhagem (f)	lehvistö	[lehʋistø]
queda (f) das folhas	lehdenlähtö	[lehden·læhtø]
cair (vi)	karista	[karista]
topo (m)	latva	[latʋa]

ramo (m)	oksa	[oksa]
galho (m)	oksa	[oksa]
botão (m)	silmu	[silmu]
agulha (f)	neulanen	[neulanen]
pinha (f)	käpy	[kæpy]

buraco (m) de árvore	pesäkolo	[pesæ·kolo]
ninho (m)	pesä	[pesæ]
toca (f)	kolo	[kolo]

tronco (m)	runko	[ruŋko]
raiz (f)	juuri	[juːri]
casca (f) de árvore	kuori	[kuori]
musgo (m)	sammal	[sammal]

arrancar pela raiz	juuria	[juːria]
cortar (vt)	hakata	[hakata]
desflorestar (vt)	kaataa puita	[kaːtaː pujta]
toco, cepo (m)	kanto	[kanto]

fogueira (f)	nuotio	[nuotio]
incêndio (m) florestal	metsäpalo	[metsæ·palo]
apagar (vt)	sammuttaa	[sammuttaː]

guarda-parque (m)	metsänvartija	[metsæn·ʋartija]
proteção (f)	suojelu	[suojelu]
proteger (a natureza)	suojella	[suojella]
caçador (m) furtivo	salametsästäjä	[sala·metsæstæjæ]
armadilha (f)	raudat	[raudat]

colher (cogumelos)	sienestää	[sienestæː]
colher (bagas)	marjastaa	[marjastaː]
perder-se (vr)	eksyä	[eksyæ]

132. Recursos naturais

recursos (m pl) naturais	luonnonvarat	[luonnon·ʋarat]
minerais (m pl)	fossiiliset resurssit	[fossiːliset resurssit]
depósitos (m pl)	esiintymä	[esiːntymæ]
jazida (f)	kenttä	[kenttæ]

extrair (vt)	louhia	[louhia]
extração (f)	kaivostoiminta	[kajʋos·tojminta]
minério (m)	malmi	[malmi]
mina (f)	kaivos	[kajʋos]
poço (m) de mina	kaivos	[kajʋos]
mineiro (m)	kaivosmies	[kajʋosmies]
gás (m)	kaasu	[kaːsu]
gasoduto (m)	maakaasuputki	[maːkaːsu·putki]

petróleo (m)	öljy	[øljy]
oleoduto (m)	öljyjohto	[øljy·johto]
poço (m) de petróleo	öljynporausreikä	[øljyn·poraus·rejkæ]
torre (f) petrolífera	öljynporaustorni	[øljyn·poraus·torni]
petroleiro (m)	tankkilaiva	[taŋkki·lajʋa]

areia (f)	hiekka	[hiekka]
calcário (m)	kalkkikivi	[kalkki·kiʋi]
cascalho (m)	sora	[sora]
turfa (f)	turve	[turʋe]
argila (f)	savi	[saʋi]
carvão (m)	hiili	[hi:li]

ferro (m)	rauta	[rauta]
ouro (m)	kulta	[kulta]
prata (f)	hopea	[hopea]
níquel (m)	nikkeli	[nikkeli]
cobre (m)	kupari	[kupari]

zinco (m)	sinkki	[siŋkki]
manganês (m)	mangaani	[maŋa:ni]
mercúrio (m)	elohopea	[elo·hopea]
chumbo (m)	lyijy	[lyjy]

mineral (m)	mineraali	[minera:li]
cristal (m)	kristalli	[kristalli]
mármore (m)	marmori	[marmori]
urânio (m)	uraani	[ura:ni]

A Terra. Parte 2

133. Tempo

tempo (m)	sää	[sæ:]
previsão (f) do tempo	sääennuste	[sæ:ennuste]
temperatura (f)	lämpötila	[læmpøtila]
termômetro (m)	lämpömittari	[læmpø·mittari]
barômetro (m)	ilmapuntari	[ilma·puntari]
úmido (adj)	kostea	[kostea]
umidade (f)	kosteus	[kosteus]
calor (m)	helle	[helle]
tórrido (adj)	kuuma	[ku:ma]
está muito calor	on kuumaa	[on ku:ma:]
está calor	on lämmintä	[on læmmintæ]
quente (morno)	lämmin	[læmmin]
está frio	on kylmää	[on kylmæ:]
frio (adj)	kylmä	[kylmæ]
sol (m)	aurinko	[auriŋko]
brilhar (vi)	paistaa	[pajsta:]
de sol, ensolarado	aurinkoinen	[auriŋkojnen]
nascer (vi)	nousta	[nousta]
pôr-se (vr)	istuutua	[istu:tua]
nuvem (f)	pilvi	[pilʋi]
nublado (adj)	pilvinen	[pilʋinen]
nuvem (f) preta	sadepilvi	[sade·pilʋi]
escuro, cinzento (adj)	hämärä	[hæmæræ]
chuva (f)	sade	[sade]
está a chover	sataa vettä	[sata: ʋettæ]
chuvoso (adj)	sateinen	[satejnen]
chuviscar (vi)	vihmoa	[ʋihmoa]
chuva (f) torrencial	kaatosade	[ka:to·sade]
aguaceiro (m)	rankkasade	[raŋkka·sade]
forte (chuva, etc.)	rankka	[raŋkka]
poça (f)	lätäkkö	[lætækkø]
molhar-se (vr)	tulla märäksi	[tulla mæræksi]
nevoeiro (m)	sumu	[sumu]
de nevoeiro	sumuinen	[sumujnen]
neve (f)	lumi	[lumi]
está nevando	sataa lunta	[sata: lunta]

134. Tempo extremo. Catástrofes naturais

trovoada (f)	ukkonen	[ukkonen]
relâmpago (m)	salama	[salama]
relampejar (vi)	välkkyä	[ʋælkkyæ]
trovão (m)	ukkonen	[ukkonen]
trovejar (vi)	jyristä	[yristæ]
está trovejando	ukkonen jyrisee	[ukkonen yrise:]
granizo (m)	raesade	[raesade]
está caindo granizo	sataa rakeita	[sata: rakejta]
inundar (vt)	upottaa	[upotta:]
inundação (f)	tulva	[tulʋa]
terremoto (m)	maanjäristys	[ma:n·jaristys]
abalo, tremor (m)	maantärähdys	[ma:n·tæræhdys]
epicentro (m)	episentrumi	[episentrumi]
erupção (f)	purkaus	[purkaus]
lava (f)	laava	[la:ʋa]
tornado (m)	pyörremyrsky	[pyørre·myrsky]
tornado (m)	tornado	[tornado]
tufão (m)	taifuuni	[tajfu:ni]
furacão (m)	hirmumyrsky	[hirmu·myrsky]
tempestade (f)	myrsky	[myrsky]
tsunami (m)	tsunami	[tsunami]
ciclone (m)	sykloni	[sykloni]
mau tempo (m)	koiranilma	[kojran·ilma]
incêndio (m)	palo	[palo]
catástrofe (f)	katastrofi	[katastrofi]
meteorito (m)	meteoriitti	[meteori:tti]
avalanche (f)	lumivyöry	[lumi·ʋyøry]
deslizamento (m) de neve	lumivyöry	[lumi·ʋyøry]
nevasca (f)	pyry	[pyry]
tempestade (f) de neve	pyry	[pyry]

Fauna

135. Mamíferos. Predadores

predador (m)	peto	[peto]
tigre (m)	tiikeri	[ti:keri]
leão (m)	leijona	[leijona]
lobo (m)	susi	[susi]
raposa (f)	kettu	[kettu]
jaguar (m)	jaguaari	[jagua:ri]
leopardo (m)	leopardi	[leopardi]
chita (f)	gepardi	[gepardi]
pantera (f)	pantteri	[pantteri]
puma (m)	puuma	[pu:ma]
leopardo-das-neves (m)	lumileopardi	[lumi·leopardi]
lince (m)	ilves	[iluͤes]
coiote (m)	kojootti	[kojo:tti]
chacal (m)	sakaali	[saka:li]
hiena (f)	hyeena	[hye:na]

136. Animais selvagens

animal (m)	eläin	[elæjn]
besta (f)	peto	[peto]
esquilo (m)	orava	[oraua]
ouriço (m)	siili	[si:li]
lebre (f)	jänis	[jænis]
coelho (m)	kaniini	[kani:ni]
texugo (m)	mäyrä	[mæuræ]
guaxinim (m)	pesukarhu	[pesu·karhu]
hamster (m)	hamsteri	[hamsteri]
marmota (f)	murmeli	[murmeli]
toupeira (f)	maamyyrä	[ma:my:ræ]
rato (m)	hiiri	[hi:ri]
ratazana (f)	rotta	[rotta]
morcego (m)	lepakko	[lepakko]
arminho (m)	kärppä	[kærppæ]
zibelina (f)	soopeli	[so:peli]
marta (f)	näätä	[næ:tæ]
doninha (f)	lumikko	[lumikko]
visom (m)	minkki	[miŋkki]

| castor (m) | majava | [majaʋa] |
| lontra (f) | saukko | [saukko] |

cavalo (m)	hevonen	[heʋonen]
alce (m)	hirvi	[hirʋi]
veado (m)	poro	[poro]
camelo (m)	kameli	[kameli]

bisão (m)	biisoni	[biːsoni]
auroque (m)	visentti	[ʋisentti]
búfalo (m)	puhveli	[puhʋeli]

zebra (f)	seepra	[seːpra]
antílope (m)	antilooppi	[antiloːppi]
corça (f)	metsäkauris	[metsæ·kauris]
gamo (m)	kuusipeura	[kuːsi·peura]
camurça (f)	gemssi	[gemssi]
javali (m)	villisika	[ʋilli·sika]

baleia (f)	valas	[ʋalas]
foca (f)	hylje	[hylje]
morsa (f)	mursu	[mursu]
urso-marinho (m)	merikarhu	[meri·karhu]
golfinho (m)	delfiini	[delfiːni]

urso (m)	karhu	[karhu]
urso (m) polar	jääkarhu	[jæː·karhu]
panda (m)	panda	[panda]

macaco (m)	apina	[apina]
chimpanzé (m)	simpanssi	[simpanssi]
orangotango (m)	oranki	[oraŋki]
gorila (m)	gorilla	[gorilla]
macaco (m)	makaki	[makaki]
gibão (m)	gibboni	[gibboni]

elefante (m)	norsu	[norsu]
rinoceronte (m)	sarvikuono	[sarʋi·kuono]
girafa (f)	kirahvi	[kirahʋi]
hipopótamo (m)	virtahepo	[ʋirta·hepo]

| canguru (m) | kenguru | [keŋuru] |
| coala (m) | pussikarhu | [pussi·karhu] |

mangusto (m)	faaraorotta	[faːrao·rotta]
chinchila (f)	sinsilla	[sinsilla]
cangambá (f)	haisunäätä	[hajsunæːtæ]
porco-espinho (m)	piikkisika	[piːkki·sika]

137. Animais domésticos

gata (f)	kissa	[kissa]
gato (m) macho	kollikissa	[kolli·kissa]
cão (m)	koira	[kojra]

cavalo (m)	hevonen	[heʋonen]
garanhão (m)	ori	[ori]
égua (f)	tamma	[tɑmmɑ]
vaca (f)	lehmä	[lehmæ]
touro (m)	sonni	[sonni]
boi (m)	härkä	[hærkæ]
ovelha (f)	lammas	[lɑmmɑs]
carneiro (m)	pässi	[pæssi]
cabra (f)	vuohi	[ʋuoɦi]
bode (m)	pukki	[pukki]
burro (m)	aasi	[ɑ:si]
mula (f)	muuli	[mu:li]
porco (m)	sika	[sikɑ]
leitão (m)	porsas	[porsɑs]
coelho (m)	kaniini	[kɑni:ni]
galinha (f)	kana	[kɑnɑ]
galo (m)	kukko	[kukko]
pata (f), pato (m)	ankka	[ɑŋkkɑ]
pato (m)	urosankka	[uros·ɑŋkkɑ]
ganso (m)	hanhi	[hɑnhi]
peru (m)	uroskalkkuna	[uros·kɑlkkunɑ]
perua (f)	kalkkuna	[kɑlkkunɑ]
animais (m pl) domésticos	kotieläimet	[koti·elæjmet]
domesticado (adj)	kesy	[kesy]
domesticar (vt)	kesyttää	[kesyttæ:]
criar (vt)	kasvattaa	[kɑsʋɑttɑ:]
fazenda (f)	farmi	[fɑrmi]
aves (f pl) domésticas	siipikarja	[si:pi·kɑrjɑ]
gado (m)	karja	[kɑrjɑ]
rebanho (m), manada (f)	lauma	[lɑumɑ]
estábulo (m)	hevostalli	[heʋos·tɑlli]
chiqueiro (m)	sikala	[sikɑlɑ]
estábulo (m)	navetta	[nɑʋettɑ]
coelheira (f)	kanikoppi	[kɑni·koppi]
galinheiro (m)	kanala	[kɑnɑlɑ]

138. Pássaros

pássaro (m), ave (f)	lintu	[lintu]
pombo (m)	kyyhky	[ky:hky]
pardal (m)	varpunen	[ʋɑrpunen]
chapim-real (m)	tiainen	[tiɑjnen]
pega-rabuda (f)	harakka	[hɑrɑkkɑ]
corvo (m)	korppi	[korppi]

gralha-cinzenta (f)	varis	[ʋaris]
gralha-de-nuca-cinzenta (f)	naakka	[naːkka]
gralha-calva (f)	mustavaris	[musta·ʋaris]
pato (m)	ankka	[aŋkka]
ganso (m)	hanhi	[hanhi]
faisão (m)	fasaani	[fasaːni]
águia (f)	kotka	[kotka]
açor (m)	haukka	[haukka]
falcão (m)	jalohaukka	[jalo·haukka]
abutre (m)	korppikotka	[korppi·kotka]
condor (m)	kondori	[kondori]
cisne (m)	joutsen	[joutsen]
grou (m)	kurki	[kurki]
cegonha (f)	haikara	[hajkara]
papagaio (m)	papukaija	[papukaija]
beija-flor (m)	kolibri	[kolibri]
pavão (m)	riikinkukko	[riːkiŋ·kukko]
avestruz (m)	strutsi	[strutsi]
garça (f)	haikara	[hajkara]
flamingo (m)	flamingo	[flamiŋo]
pelicano (m)	pelikaani	[pelikaːni]
rouxinol (m)	satakieli	[sata·kieli]
andorinha (f)	pääskynen	[pæːskynen]
tordo-zornal (m)	rastas	[rastas]
tordo-músico (m)	laulurastas	[laulu·rastas]
melro-preto (m)	mustarastas	[musta·rastas]
andorinhão (m)	tervapääsky	[terʋa·pæːsky]
cotovia (f)	leivonen	[lejʋonen]
codorna (f)	viiriäinen	[ʋiːriæjnen]
pica-pau (m)	tikka	[tikka]
cuco (m)	käki	[kæki]
coruja (f)	pöllö	[pøllø]
bufo-real (m)	huuhkaja	[huːhkaja]
tetraz-grande (m)	metso	[metso]
tetraz-lira (m)	teeri	[teːri]
perdiz-cinzenta (f)	peltopyy	[pelto·pyː]
estorninho (m)	kottarainen	[kottarajnen]
canário (m)	kanarialintu	[kanaria·lintu]
galinha-do-mato (f)	pyy	[pyː]
tentilhão (m)	peippo	[pejppo]
dom-fafe (m)	punatulkku	[puna·tulkku]
gaivota (f)	lokki	[lokki]
albatroz (m)	albatrossi	[albatrossi]
pinguim (m)	pingviini	[piŋʋiːni]

139. Peixes. Animais marinhos

brema (f)	lahna	[lahna]
carpa (f)	karppi	[karppi]
perca (f)	ahven	[ahʋen]
siluro (m)	monni	[monni]
lúcio (m)	hauki	[hauki]
salmão (m)	lohi	[loɦi]
esturjão (m)	sampi	[sampi]
arenque (m)	silli	[silli]
salmão (m) do Atlântico	merilohi	[meri·loɦi]
cavala, sarda (f)	makrilli	[makrilli]
solha (f), linguado (m)	kampela	[kampela]
lúcio perca (m)	kuha	[kuɦa]
bacalhau (m)	turska	[turska]
atum (m)	tonnikala	[tonnikala]
truta (f)	taimen	[tajmen]
enguia (f)	ankerias	[aŋkerias]
raia (f) elétrica	rausku	[rausku]
moreia (f)	mureena	[mure:na]
piranha (f)	punapiraija	[puna·piraija]
tubarão (m)	hai	[haj]
golfinho (m)	delfiini	[delfi:ni]
baleia (f)	valas	[ʋalas]
caranguejo (m)	taskurapu	[tasku·rapu]
água-viva (f)	meduusa	[medu:sa]
polvo (m)	meritursas	[meri·tursas]
estrela-do-mar (f)	meritähti	[meri·tæhti]
ouriço-do-mar (m)	merisiili	[meri·si:li]
cavalo-marinho (m)	merihevonen	[meri·heʋonen]
ostra (f)	osteri	[osteri]
camarão (m)	katkarapu	[katkarapu]
lagosta (f)	hummeri	[hummeri]
lagosta (f)	langusti	[laŋusti]

140. Anfíbios. Répteis

cobra (f)	käärme	[kæ:rme]
venenoso (adj)	myrkky-, myrkyllinen	[myrkky], [myrkyllinen]
víbora (f)	kyy	[ky:]
naja (f)	silmälasikäärme	[silmælasi·kæ:rme]
píton (m)	pyton	[pyton]
jiboia (f)	jättiläiskäärme	[jættilæjs·kæ:rme]
cobra-de-água (f)	turhakäärme	[turha·kæ:rme]

cascavel (f)	kalkkarokäärme	[kalkkaro·kæ:rme]
anaconda (f)	anakonda	[anakonda]

lagarto (m)	lisko	[lisko]
iguana (f)	iguaani	[igua:ni]
varano (m)	varaani	[ʋara:ni]
salamandra (f)	salamanteri	[salamanteri]
camaleão (m)	kameleontti	[kameleontti]
escorpião (m)	skorpioni	[skorpioni]

tartaruga (f)	kilpikonna	[kilpi·konna]
rã (f)	sammakko	[sammakko]
sapo (m)	konna	[konna]
crocodilo (m)	krokotiili	[krokoti:li]

141. Insetos

inseto (m)	hyönteinen	[hyøntejnen]
borboleta (f)	perhonen	[perhonen]
formiga (f)	muurahainen	[mu:raħajnen]
mosca (f)	kärpänen	[kærpænen]
mosquito (m)	hyttynen	[hyttynen]
escaravelho (m)	kovakuoriainen	[koʋa·kuoriajnen]

vespa (f)	ampiainen	[ampiajnen]
abelha (f)	mehiläinen	[meħilæjnen]
mamangaba (f)	kimalainen	[kimalajnen]
moscardo (m)	kiiliäinen	[ki:liæjnen]

aranha (f)	hämähäkki	[hæmæħækki]
teia (f) de aranha	hämähäkinseitti	[hæmæħækin·sejtti]

libélula (f)	sudenkorento	[sudeŋ·korento]
gafanhoto (m)	hepokatti	[hepokatti]
traça (f)	yöperhonen	[yø·perhonen]

barata (f)	torakka	[torakka]
carrapato (m)	punkki	[puŋkki]
pulga (f)	kirppu	[kirppu]
borrachudo (m)	mäkärä	[mækæræ]

gafanhoto (m)	kulkusirkka	[kulku·sirkka]
caracol (m)	etana	[etana]
grilo (m)	sirkka	[sirkka]
pirilampo, vaga-lume (m)	kiiltomato	[ki:lto·mato]
joaninha (f)	leppäkerttu	[leppæ·kerttu]
besouro (m)	turilas	[turilas]

sanguessuga (f)	juotikas	[juotikas]
lagarta (f)	toukka	[toukka]
minhoca (f)	kastemato	[kaste·mato]
larva (f)	toukka	[toukka]

Flora

142. Árvores

árvore (f)	puu	[pu:]
decídua (adj)	lehti-	[lehti]
conífera (adj)	havu-	[hɑʋu]
perene (adj)	ikivihreä	[ikiʋihreɑ]

macieira (f)	omenapuu	[omena·pu:]
pereira (f)	päärynäpuu	[pæ:rynæ·pu:]
cerejeira (f)	linnunkirsikkapuu	[linnun·kirsikkapu:]
ginjeira (f)	hapankirsikkapuu	[hapan·kirsikkapu:]
ameixeira (f)	luumupuu	[lu:mu·pu:]

bétula (f)	koivu	[kojuu]
carvalho (m)	tammi	[tammi]
tília (f)	lehmus	[lehmus]
choupo-tremedor (m)	haapa	[hɑ:pɑ]
bordo (m)	vaahtera	[ʋɑ:htera]
espruce (m)	kuusipuu	[ku:si·pu:]
pinheiro (m)	mänty	[mænty]
alerce, lariço (m)	lehtikuusi	[lehti·ku:si]
abeto (m)	jalokuusi	[jaloku:si]
cedro (m)	setri	[setri]

choupo, álamo (m)	poppeli	[poppeli]
tramazeira (f)	pihlaja	[pihlaja]
salgueiro (m)	paju	[paju]
amieiro (m)	leppä	[leppæ]
faia (f)	pyökki	[pyøkki]
ulmeiro, olmo (m)	jalava	[jalaʋa]
freixo (m)	saarni	[sɑ:rni]
castanheiro (m)	kastanja	[kastanja]

magnólia (f)	magnolia	[magnolia]
palmeira (f)	palmu	[palmu]
cipreste (m)	sypressi	[sypressi]

mangue (m)	mangrove	[maŋroʋe]
embondeiro, baobá (m)	apinanleipäpuu	[apinan·lejpæpu:]
eucalipto (m)	eukalyptus	[eukalyptus]
sequoia (f)	punapuu	[puna·pu:]

143. Arbustos

arbusto (m)	pensas	[pensas]
arbusto (m), moita (f)	pensaikko	[pensajkko]

videira (f)	viinirypäleet	[ʋi:ni·rypæle:t]
vinhedo (m)	viinitarha	[ʋi:ni·tarha]
framboeseira (f)	vadelma	[ʋadelma]
groselheira-negra (f)	mustaherukka	[musta·ɦerukka]
groselheira-vermelha (f)	punaherukka	[puna·ɦerukka]
groselheira (f) espinhosa	karviainen	[karʋiajnen]
acácia (f)	akasia	[akasia]
bérberis (f)	happomarja	[happomarja]
jasmim (m)	jasmiini	[jasmi:ni]
junípero (m)	kataja	[kataja]
roseira (f)	ruusupensas	[ru:su·pensas]
roseira (f) brava	villiruusu	[ʋilli·ru:su]

144. Frutos. Bagas

fruta (f)	hedelmä	[hedelmæ]
frutas (f pl)	hedelmät	[hedelmæt]
maçã (f)	omena	[omena]
pera (f)	päärynä	[pæ:rynæ]
ameixa (f)	luumu	[lu:mu]
morango (m)	mansikka	[mansikka]
ginja (f)	hapankirsikka	[hapan·kirsikka]
cereja (f)	linnunkirsikka	[linnun·kirsikka]
uva (f)	viinirypäleet	[ʋi:ni·rypæle:t]
framboesa (f)	vadelma	[ʋadelma]
groselha (f) negra	mustaherukka	[musta·ɦerukka]
groselha (f) vermelha	punaherukka	[puna·ɦerukka]
groselha (f) espinhosa	karviainen	[karʋiajnen]
oxicoco (m)	karpalo	[karpalo]
laranja (f)	appelsiini	[appelsi:ni]
tangerina (f)	mandariini	[mandari:ni]
abacaxi (m)	ananas	[ananas]
banana (f)	banaani	[bana:ni]
tâmara (f)	taateli	[ta:teli]
limão (m)	sitruuna	[sitru:na]
damasco (m)	aprikoosi	[apriko:si]
pêssego (m)	persikka	[persikka]
quiuí (m)	kiivi	[ki:ʋi]
toranja (f)	greippi	[grejppi]
baga (f)	marja	[marja]
bagas (f pl)	marjat	[marjat]
arando (m) vermelho	puolukka	[puolukka]
morango-silvestre (m)	ahomansikka	[aho·mansikka]
mirtilo (m)	mustikka	[mustikka]

145. Flores. Plantas

flor (f)	kukka	[kukka]
buquê (m) de flores	kukkakimppu	[kukka·kimppu]
rosa (f)	ruusu	[ru:su]
tulipa (f)	tulppani	[tulppani]
cravo (m)	neilikka	[nejlikka]
gladíolo (m)	miekkalilja	[miekkalilja]
centáurea (f)	kaunokki	[kaunokki]
campainha (f)	kissankello	[kissan·kello]
dente-de-leão (m)	voikukka	[ʋoj·kukka]
camomila (f)	päivänkakkara	[pæjʋæn·kakkara]
aloé (m)	aaloe	[a:loe]
cacto (m)	kaktus	[kaktus]
fícus (m)	fiikus	[fi:kus]
lírio (m)	lilja	[lilja]
gerânio (m)	kurjenpolvi	[kurjen·polʋi]
jacinto (m)	hyasintti	[hyasintti]
mimosa (f)	mimosa	[mimosa]
narciso (m)	narsissi	[narsissi]
capuchinha (f)	koristekrassi	[koriste·krassi]
orquídea (f)	orkidea	[orkidea]
peônia (f)	pioni	[pioni]
violeta (f)	orvokki	[orʋokki]
amor-perfeito (m)	keto-orvokki	[keto·orʋokki]
não-me-esqueças (m)	lemmikki	[lemmikki]
margarida (f)	kaunokainen	[kaunokajnen]
papoula (f)	unikko	[unikko]
cânhamo (m)	hamppu	[hamppu]
hortelã, menta (f)	minttu	[minttu]
lírio-do-vale (m)	kielo	[kielo]
campânula-branca (f)	lumikello	[lumi·kello]
urtiga (f)	nokkonen	[nokkonen]
azedinha (f)	suolaheinä	[suola·hejnæ]
nenúfar (m)	lumme	[lumme]
samambaia (f)	saniainen	[saniajnen]
líquen (m)	jäkälä	[jækælæ]
estufa (f)	talvipuutarha	[talʋi·pu:tarha]
gramado (m)	nurmikko	[nurmikko]
canteiro (m) de flores	kukkapenkki	[kukka·peŋkki]
planta (f)	kasvi	[kasʋi]
grama (f)	ruoho	[ruoho]
folha (f) de grama	heinänkorsi	[hejnæŋ·korsi]

folha (f)	lehti	[lehti]
pétala (f)	terälehti	[teræ·lehti]
talo (m)	varsi	[ʋɑrsi]
tubérculo (m)	mukula	[mukulɑ]

| broto, rebento (m) | itu | [itu] |
| espinho (m) | piikki | [piːkki] |

florescer (vi)	kukkia	[kukkiɑ]
murchar (vi)	kuihtua	[kujhtuɑ]
cheiro (m)	tuoksu	[tuoksu]
cortar (flores)	leikata	[lejkɑtɑ]
colher (uma flor)	repiä	[repiæ]

146. Cereais, grãos

grão (m)	vilja	[ʋiljɑ]
cereais (plantas)	viljat	[ʋiljɑt]
espiga (f)	tähkä	[tæhkæ]

trigo (m)	vehnä	[ʋehnæ]
centeio (m)	ruis	[rujs]
aveia (f)	kaura	[kɑurɑ]
painço (m)	hirssi	[hirssi]
cevada (f)	ohra	[ohrɑ]

milho (m)	maissi	[mɑjssi]
arroz (m)	riisi	[riːsi]
trigo-sarraceno (m)	tattari	[tɑttɑri]

ervilha (f)	herne	[herne]
feijão (m) roxo	pavut	[pɑʋut]
soja (f)	soija	[soijɑ]
lentilha (f)	linssi	[linssi]
feijão (m)	pavut	[pɑʋut]

PAÍSES. NACIONALIDADES

147. Europa Ocidental

Europa (f)	Eurooppa	[euro:ppa]
União (f) Europeia	Euroopan unioni	[euro:pan unioni]

Áustria (f)	Itävalta	[itæʋalta]
Grã-Bretanha (f)	Iso-Britannia	[iso·britannia]
Inglaterra (f)	Englanti	[eŋlanti]
Bélgica (f)	Belgia	[belgia]
Alemanha (f)	Saksa	[saksa]

Países Baixos (m pl)	Alankomaat	[alaŋkoma:t]
Holanda (f)	Hollanti	[hollanti]
Grécia (f)	Kreikka	[krejkka]
Dinamarca (f)	Tanska	[tanska]
Irlanda (f)	Irlanti	[irlanti]
Islândia (f)	Islanti	[islanti]

Espanha (f)	Espanja	[espanja]
Itália (f)	Italia	[italia]
Chipre (m)	Kypros	[kypros]
Malta (f)	Malta	[malta]

Noruega (f)	Norja	[norja]
Portugal (m)	Portugali	[portugali]
Finlândia (f)	Suomi	[suomi]
França (f)	Ranska	[ranska]

Suécia (f)	Ruotsi	[ruotsi]
Suíça (f)	Sveitsi	[sʋejtsi]
Escócia (f)	Skotlanti	[skotlanti]

Vaticano (m)	Vatikaanivaltio	[ʋatika:ni·ʋaltio]
Liechtenstein (m)	Liechtenstein	[lihtenʃtajn]
Luxemburgo (m)	Luxemburg	[lyksemburg]
Mônaco (m)	Monaco	[monako]

148. Europa Central e de Leste

Albânia (f)	Albania	[albania]
Bulgária (f)	Bulgaria	[bulgaria]
Hungria (f)	Unkari	[uŋkari]
Letônia (f)	Latvia	[latʋia]

Lituânia (f)	Liettua	[liettua]
Polônia (f)	Puola	[puola]

Romênia (f)	Romania	[romania]
Sérvia (f)	Serbia	[serbia]
Eslováquia (f)	Slovakia	[slouakia]
Croácia (f)	Kroatia	[kroatia]
República (f) Checa	Tšekki	[tʃekki]
Estônia (f)	Viro	[uiro]
Bósnia e Herzegovina (f)	Bosnia ja Hertsegovina	[bosnia ja hertsegouina]
Macedônia (f)	Makedonia	[makedonia]
Eslovênia (f)	Slovenia	[slouenia]
Montenegro (m)	Montenegro	[monte·negro]

149. Países da ex-URSS

Azerbaijão (m)	Azerbaidžan	[azerbajdʒan]
Armênia (f)	Armenia	[armeniæ]
Belarus	Valko-Venäjä	[ualko·uenæjæ]
Geórgia (f)	Georgia	[georgia]
Cazaquistão (m)	Kazakstan	[kazakstan]
Quirguistão (m)	Kirgisia	[kirgisia]
Moldávia (f)	Moldova	[moldoua]
Rússia (f)	Venäjä	[uenæjæ]
Ucrânia (f)	Ukraina	[ukrajna]
Tajiquistão (m)	Tadžikistan	[tadʒikistan]
Turquemenistão (m)	Turkmenistan	[turkmenistan]
Uzbequistão (f)	Uzbekistan	[uzbekistan]

150. Asia

Ásia (f)	Aasia	[a:sia]
Vietnã (m)	Vietnam	[ujetnam]
Índia (f)	Intia	[intia]
Israel (m)	Israel	[israel]
China (f)	Kiina	[ki:na]
Líbano (m)	Libanon	[libanon]
Mongólia (f)	Mongolia	[moŋolia]
Malásia (f)	Malesia	[malesia]
Paquistão (m)	Pakistan	[pakistan]
Arábia (f) Saudita	Saudi-Arabia	[saudi·arabia]
Tailândia (f)	Thaimaa	[thajma:]
Taiwan (m)	Taiwan	[tajuan]
Turquia (f)	Turkki	[turkki]
Japão (m)	Japani	[japani]
Afeganistão (m)	Afganistan	[afganistan]
Bangladesh (m)	Bangladesh	[baŋladeʃ]

| Indonésia (f) | Indonesia | [indonesia] |
| Jordânia (f) | Jordania | [jordania] |

| Iraque (m) | Irak | [irak] |
| Irã (m) | Iran | [iran] |

| Camboja (f) | Kambodža | [kambodʒa] |
| Kuwait (m) | Kuwait | [kuʋajt] |

Laos (m)	Laos	[laos]
Birmânia (f)	Myanmar	[myanmar]
Nepal (m)	Nepal	[nepal]
Emirados Árabes Unidos	Arabiemiirikuntien liitto	[arabi·emi:ri·kuntien li:tto]

| Síria (f) | Syyria | [sy:ria] |
| Palestina (f) | Palestiinalaishallinto | [palesti:nalajs·hallinto] |

| Coreia (f) do Sul | Etelä-Korea | [etelæ·korea] |
| Coreia (f) do Norte | Pohjois-Korea | [pohjois·korea] |

151. América do Norte

Estados Unidos da América	Yhdysvallat	[yhdys·ʋallat]
Canadá (m)	Kanada	[kanada]
México (m)	Meksiko	[meksiko]

152. América Central do Sul

Argentina (f)	Argentiina	[argenti:na]
Brasil (m)	Brasilia	[brasilia]
Colômbia (f)	Kolumbia	[kolumbia]

| Cuba (f) | Kuuba | [ku:ba] |
| Chile (m) | Chile | [tʃile] |

| Bolívia (f) | Bolivia | [boliʋia] |
| Venezuela (f) | Venezuela | [ʋenezuela] |

| Paraguai (m) | Paraguay | [paraguaj] |
| Peru (m) | Peru | [peru] |

Suriname (m)	Suriname	[suriname]
Uruguai (m)	Uruguay	[uruguaj]
Equador (m)	Ecuador	[ekuador]

| Bahamas (f pl) | Bahama | [bahama] |
| Haiti (m) | Haiti | [haiti] |

República Dominicana	Dominikaaninen tasavalta	[dominika:ninen tasaʋalta]
Panamá (m)	Panama	[panama]
Jamaica (f)	Jamaika	[jamajka]

153. Africa

Egito (m)	Egypti	[egypti]
Marrocos	Marokko	[marokko]
Tunísia (f)	Tunisia	[tunisia]
Gana (f)	Ghana	[gana]
Zanzibar (m)	Sansibar	[sansibar]
Quênia (f)	Kenia	[kenia]
Líbia (f)	Libya	[libya]
Madagascar (m)	Madagaskar	[madagaskar]
Namíbia (f)	Namibia	[namibiæ]
Senegal (m)	Senegal	[senegal]
Tanzânia (f)	Tansania	[tansania]
África (f) do Sul	Etelä-Afrikka	[etelæ·afrikka]

154. Austrália. Oceania

Austrália (f)	Australia	[australia]
Nova Zelândia (f)	Uusi-Seelanti	[u:si·se:lanti]
Tasmânia (f)	Tasmania	[tasmania]
Polinésia (f) Francesa	Ranskan Polynesia	[ranskan polynesia]

155. Cidades

Amesterdã, Amsterdã	Amsterdam	[amsterdam]
Ancara	Ankara	[aŋkara]
Atenas	Ateena	[ate:na]
Bagdade	Bagdad	[bagdad]
Bancoque	Bangkok	[baŋkok]
Barcelona	Barcelona	[barselona]
Beirute	Beirut	[bejrut]
Berlim	Berliini	[berli:ni]
Bonn	Bonn	[bonn]
Bordéus	Bordeaux	[bordo]
Bratislava	Bratislava	[bratislaυa]
Bruxelas	Bryssel	[bryssel]
Bucareste	Bukarest	[bukarest]
Budapeste	Budapest	[budapest]
Cairo	Kairo	[kajro]
Calcutá	Kalkutta	[kalkutta]
Chicago	Chicago	[ʧikago]
Cidade do México	México	[meksiko]
Copenhague	Kööpenhamina	[kø:penhamina]
Dar es Salaam	Dar es Salaam	[dar es sala:m]
Deli	Delhi	[deli]

Dubai	**Dubai**	[dubaj]
Dublim	**Dublin**	[dublin]
Düsseldorf	**Düsseldorf**	[dysseldorf]
Estocolmo	**Tukholma**	[tukholma]
Florença	**Firenze**	[firentse]
Frankfurt	**Frankfurt**	[fraŋkfurt]
Genebra	**Geneve**	[geneue]
Haia	**Haag**	[ha:g]
Hamburgo	**Hampuri**	[hampuri]
Hanói	**Hanoi**	[hanoj]
Havana	**Havanna**	[havanna]
Helsinque	**Helsinki**	[helsiŋki]
Hiroshima	**Hiroshima**	[hiroʃima]
Hong Kong	**Hongkong**	[hoŋkoŋ]
Istambul	**Istanbul**	[istanbul]
Jerusalém	**Jerusalem**	[jerusalem]
Kiev, Quieve	**Kiova**	[kioua]
Kuala Lumpur	**Kuala Lumpur**	[kuala lumpur]
Lion	**Lyon**	[ljon]
Lisboa	**Lissabon**	[lissabon]
Londres	**Lontoo**	[lonto:]
Los Angeles	**Los Angeles**	[los aŋeles]
Madrid	**Madrid**	[madrid]
Marselha	**Marseille**	[marsejlle]
Miami	**Miami**	[majami]
Montreal	**Montreal**	[montreal]
Moscou	**Moskova**	[moskoua]
Mumbai	**Mumbai**	[mumbaj]
Munique	**München**	[mynhen]
Nairóbi	**Nairobi**	[najrobi]
Nápoles	**Napoli**	[napoli]
Nice	**Nizza**	[nitsa]
Nova York	**New York**	[nju jork]
Oslo	**Oslo**	[oslo]
Ottawa	**Ottawa**	[ottaua]
Paris	**Pariisi**	[pari:si]
Pequim	**Peking**	[pekiŋ]
Praga	**Praha**	[praɦa]
Rio de Janeiro	**Rio de Janeiro**	[rio de janejro]
Roma	**Rooma**	[ro:ma]
São Petersburgo	**Pietari**	[pietari]
Seul	**Soul**	[soul]
Singapura	**Singapore**	[siŋapore]
Sydney	**Sydney**	[sidnej]
Taipé	**Taipei**	[tajpej]
Tóquio	**Tokio**	[tokio]
Toronto	**Toronto**	[toronto]
Varsóvia	**Varsova**	[uarsoua]

Veneza	**Venetsia**	[ʋenetsiɑ]
Viena	**Wien**	[ʋien]
Washington	**Washington**	[ʋɑʃiŋton]
Xangai	**Shanghai**	[ʃɑŋhɑj]

www.ingramcontent.com/pod-product-compliance
Lightning Source LLC
LaVergne TN
LVHW051741080426
835511LV00018B/3180